Wilfried Gruhn – Anfänge des Musiklernens

Olms Forum
7

Wilfried Gruhn

Anfänge des Musiklernens

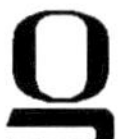

Georg Olms Verlag
Hildesheim · Zürich · New York
2010

Wilfried Gruhn

Anfänge des Musiklernens

Eine lerntheoretische und entwicklungspsychologische Einführung

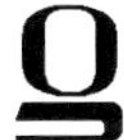

Georg Olms Verlag
Hildesheim · Zürich · New York
2010

Die Deutsche Nationalbibliothek verzeichnet diese Publikation in der Deutschen Nationalbibliografie; detaillierte bibliografische Daten sind im Internet über *http://dnb.d-nb.de* abrufbar.

ISO 9706

Gedruckt auf säurefreiem und alterungsbeständigem Papier
Umschlaggestaltung: Inga Günther, Hildesheim
Satz: Hannelore Kniebes, 83547 Babensham
Herstellung: Interpress, 1037 Budapest, Ungarn

www.olms.de
ISBN 978-3-487-14475-7
ISSN 1612-4162

Inhalt

Vorwort

Musikangebote für die frühe Kindheit sind zu einem wichtigen Thema der gegenwärtigen Bildungsdiskussion geworden. Dieser Trend hat die Entwicklung speziell auf Kinder bezogener Konzertformen begünstigt und schlägt sich in einer beachtlichen Vielfalt musikalischer Früherziehungsangebote nieder, für die offenbar eine große Nachfrage besteht. Darüber kann man einerseits erfreut sein, weil offensichtlich der musikalischen Bildung eine wichtige gesellschaftliche Bedeutung beigemessen wird. Jeder Musiker wird es begrüßen, wenn frühzeitig musikalische Grundlagen gelegt werden, sei es mit dem Ziel, bereits in der Kindheit langfristige Einstellungen gegenüber Musik zu prägen, oder sei es auch nur im Hinblick auf die frühe Einübung in motorische Abläufe beim ersten Einstieg in das Instrumentalspiel. Tatsächlich wissen wir, dass Kinder begierig sind zu lernen, dass sie in den ersten Jahren immer und überall lernen. Entsprechend ihrem Entwicklungsstand reagiert das Gehirn auf die Reize der Umgebung, wenn diese reichhaltig und abwechslungsreich sind. Nie mehr lernt man so leicht und schnell wie in der Kindheit, wo sich sowohl der Körper als auch das Gehirn noch in einer plastischen Ausreifungsphase befinden.

Damit verbindet sich aber zugleich auch die Sorge, nicht einseitig nur auf künftige Leistungen zu schauen und zu früh zu viel zu wollen. Eltern und Erzieher sollten darauf achten, nicht schon im frühkindlichen Alter alles auf spätere Leistungen hin optimieren zu wollen, um nicht den richtigen Moment für die Entwicklung der kognitiven, musikalischen oder sportlichen Fähigkeiten zu verpassen. Kinder müssen auch die Möglichkeit behalten, sich selbst in dem ihnen eigenen Umfeld zu entwickeln, ohne in vorgezeichnete und strukturell optimierte Leistungsbahnen gedrängt zu werden. Es ist ja vollkommen richtig, was wir aus der Neurobiologie wissen, dass sich neuronale Erregungsmuster frühzeitig bilden und je nach Gebrauch fest und dauerhaft vernetzen. Das sollte aber nicht dazu führen, alles auf das Synapsenwachstum zu setzen und Kinder nur noch auf künftige Leistungen im sprachlichen (z.B. früher Zweitspracherwerb), mathematisch technischen, musikalisch künstlerischen oder sportlichen Bereich vorzubereiten. Man kann, um es an einem Beispiel zu sagen, eine Rose züchten, indem man sie düngt, veredelt und regelmäßig wässert. Wilde Triebe werden weggeschnitten, unerwünschtes Sprießen zugunsten einer edlen Blüte verhindert. Aber jeder Gärtner weiß, wie anfällig gezüchtete Rosen gegen Krankheiten und Schädlingsbefall sind. Wilde Rosen mögen kleiner sein, sind oft aber viel robuster und verströmen einen intensiveren Duft.

Die Bildungsangebote und Maßnahmen, die vornehmlich von Angehörigen sozial gehobener Schichten wahrgenommen werden, ähneln bestürzend der Rosenzucht, die einem bestimmten Idealbild folgt und die dabei auftretenden Folgeerscheinungen mentaler und psychischer Anfälligkeit in Kauf nimmt. Darunter leidet das heutige Schulsystem, das immer mehr Kinder mit Anzeichen der Überreizung, der kognitiven und emotionalen Überforderung, mit medikamentös behandelten Stress-Symptomen und Aggressionen hervorbringt. Die Anzahl der hyperaktiven, aufmerksamkeitsgestörten und verhaltensauffälligen Schulkinder nimmt ständig zu und lag im Jahr 2007 bei ca. 5% aller Schüler mit steigender Tendenz.[1]

Wenn hier Erkenntnisse zum musikalischen Lernen zusammengetragen und einer interessierten Leserschaft vorgestellt werden, so geschieht dies im vollen Bewusstsein der angedeuteten Probleme und möchte gerade als Reaktion darauf verstanden werden, indem wir von einer Lernvorstellung ausgehen, die zwar neurobiologisch begründet ist, sich aber am natürlichen Wachstum und Lernwillen eines Menschen orientiert. Musiklernen im hier vertretenen Sinn soll also gerade nicht zu einer frühen Leistungsselektion führen, sondern es sollen Wege aufgezeigt werden, wie genuin musikalisches Lernen ganz analog zu den Vorgängen verläuft, wie Kinder sprechen lernen und ihre Muttersprache erwerben: spielerisch, im sozialen Kontext, durch Hören und Ausprobieren, artikulatorische Übung und praktischen Umgang des miteinander Sprechens. Wir werden daher den Vorgang des audio-vokalen Lernens dem kognitiven Training imitierter und memorierter Fakten gegenüberstellen und dabei den lernbiologischen Erkenntnissen folgen, die uns Auskunft über den Aufbau musikalischen Denkens liefern. Dies ist die Grundlage der hier vertretenen Lerntheorie.

Das Buch bietet eine Zusammenfassung der Inhalte und Materialien aus vielen Kursen und Vorträgen vor Eltern, Erziehern und Musiklehrern der Elementaren Musikpädagogik. Es geht dabei nicht so sehr um die wissenschaftstheoretische Neufassung einer neurobiologischen Lerntheorie, sondern um eine möglichst verständliche Darstellung der Zusammenhänge von mentaler und körperlicher Entwicklung und genetisch angelegten Fähigkeiten beim Musiklernen von Anfang an – mögen die Anfänge des

Musiklernens nun in der frühen Kindheit oder im Erwachsenenalter liegen. Die in den einzelnen Kapiteln behandelten Themen sind systematisch angeordnet, aber wechselseitig miteinander verbunden. Daher sind die Kapitel, die jeweils einen Aspekt der Lerntheorie ins Zentrum rücken, mit vielen Querverweisen untereinander vernetzt. Die ideale Lektüre müsste daher labyrinthisch erfolgen und erlaubt den Einstieg von verschiedenen Kapiteln aus.

Das Buch richtet sich an alle, die sich für musikalisches Lernen interessieren oder beruflich damit umgehen. Es will lerntheoretisches Wissen vermitteln und zu neuem Denken über musikalisches Tun, Lernen und Unterrichten anregen. Jeder Mensch lernt, und er lernt immer. Sein Lernen folgt einem angeborenen Impuls. Man könnte in Anlehnung an Paul Watzlawiks kommunikationstheoretische Maxime auch sagen: man kann nicht Nicht-Lernen. Aber wie die Vorgänge und Umgebungen gestaltet sein sollten, damit wirkliches und nachhaltiges Lernen bei Kindern entstehen und von ihnen selbst vollzogen werden kann, ohne im Vorhinein auf bestimmte Leistungen gerichtet zu sein, dazu sollen die folgenden Kapitel zu den Anfängen und zur Entstehung des Musiklernens beitragen.

Freiburg, im Frühjahr 2010

Kapitel 1

Die Bedeutung der Musik in der Entwicklungsgeschichte des Menschen

Wenn wir fragen, was Musik sei, geht es uns wie bei vielen Dingen des alltäglichen Lebens, die uns so selbstverständlich erscheinen, dass wir in Schwierigkeiten geraten, wenn wir sie erklären oder definieren sollen. Natürlich weiß jeder, was Musik ist und dass sie einem etwas bedeutet, aber man kann spontan dennoch keine schlüssige Definition geben. Im Vorwort zu seinem Buch „Die Schallwelt, in der wir leben" erfindet der kanadische Komponist und Pädagoge Murray Schafer einige Äußerungen, die man vielleicht nach einem Konzert hätte hören können:

> Erlauscht im Foyer nach der Uraufführung von Beethovens *Fünfter*: „Ja, aber ist das Musik?"
> Erlauscht im Foyer nach der Uraufführung von Wagners *Tristan*: „Ja, aber ist das Musik?"
> Erlauscht im Foyer nach der Uraufführung von Strawinskys *Sacre*: „Ja, aber ist das Musik?"
> Erlauscht im Foyer nach der Uraufführung von Varèses *Poème électronique*: „Ja, aber ist das Musik?
> Ein Jet dröhnt hoch über mir durch die Luft, und ich frage: „Ja, aber ist das Musik? Vielleicht hat der Pilot seinen Beruf verfehlt?"[2]

Zu bestimmen, was Musik sei, hat Musiker und Philosophen zu allen Zeiten herausgefordert. Zu Beginn des 5. Jahrhunderts hat Augustinus die Musik als *scientia bene modulandi* bezeichnet, wobei das lateinische Verb modulari „singen, spielen" und „nach dem Takt abmessen" bedeutet und damit auf das der Musik zugrunde liegende Maß verweist. Der Philosoph und Mathematiker Wilhelm Leibniz sah 1712 die Musik als ein *exercitium arithmeticae occultum nescientis se numerare animi* an (also als eine verborgene Rechenkunst des sich seines Zählens nicht bewussten Geistes), womit auf die mittelalterliche Vorstellung von Musik als einer Ordnung nach Maß, Zahl und Gewicht (*mensura, numerus* und *pondus*) angespielt wird. Im 17. und 18. Jahrhundert überwiegen dann Hinweise auf die emotionale Macht der Töne, leidenschaftliche Empfindungen auszulösen oder darzustellen. Musik als Kunst wird zu einer Sprache des Herzens, die – innerhalb desselben Kulturraums – jeder auch ohne Begriffe versteht. So konnte Joseph Haydn vor seiner Abreise nach London 1790 auf die Vorhaltung, dass er in der großen Welt zu unerfahren sei und zu wenige Sprachen spreche, antworten: „O, meine Sprache versteht man durch die ganze Welt."[3] Erst im 20. Jahrhundert erweiterte sich der Musikbegriff und schließt nun das Total aller Schallereignisse ein. So antwortete John Cage auf die Bitte um eine Definition von Musik: „Musik ist Klang: der Klang, der uns umgibt, gleichgültig ob wir uns im Konzertsaal aufhalten oder sonst wo."[4]

Zu sagen, was Musik sei, hängt also von den jeweiligen zeitgeschichtlichen Umständen und der uns umgebenden Kultur ab, also von den uns bestimmenden Traditionen und kulturellen Normen. Was für den Einen Musik ist, kann für einen Anderen Lärm sein. Und wenn wir Lärm definieren sollten, kämen wir in die gleiche Schwierigkeit wie beim Begriff der Musik: Lärm ist nicht durch den Grad der Lautstärke bestimmt, sondern nach dem Störpotential, das es für den jeweiligen Hörer birgt. Was uns stört, ist Lärm, was uns angenehm erscheint, ist Musik in unseren Ohren.

Musik meint also etwas sehr Unterschiedliches und deutet auf sehr individuelle Umgangsweisen hin. Auf der anderen Seite sind wir darum bemüht, die Universalität der Musik zu betonen, die eine gesellschaftliche Konstante in allen Kulturen und Gesellschaftsformen darstellt. Eine Gesellschaft ohne Musik ist nicht vorstellbar, mag diese in Tanz und Ritus verwurzelt sein, die gemeinsame Arbeit begleiten, als stimmungsvoller Hintergrund dienen oder durch virtuoses, zweckfreies Können glänzen. Als wirkungsmächtiges Ausdrucksmittel tritt ihre Nähe zu Tanz (Bewegung) und Sprache deutlich in Erscheinung.

Aber Musik erfüllt in verschiedenen Zusammenhängen ganz unterschiedliche Funktionen und wird daher auch phänomenal unterschiedlich verstanden. Drei Hauptstränge möglicher Sichtweisen lassen sich dabei unterscheiden:

1. Musik als organisierter *Klang*, als geordnetes und immer wieder neu zu ordnendes Schallphänomen und tönender Kosmos, der sprachlichen Ausdrucksformen als eigenständiges Medium gegenübersteht;
2. Musik als *Handlung*, als das, was Menschen tun, wenn sie singen und spielen, tanzen und feiern, komponieren und dirigieren; Mu-

sik, die erst und nur im Handlungsvollzug ihre eigentliche Funktion erfüllen und so auch erlebt werden kann;
3. Musik als begrifflich fassbares *Ordnungssystem*, das musikalische Strukturbeziehungen mit einer spezifischen Terminologie und eine eigene Musiktheorie (Syntax) hervorbringt, die grundsätzlich auf Verstehen gerichtet ist.

Derartige Sichtweisen überwinden ein hermetisches Verständnis von Musik als Kunst, die sich in ihren Werken manifestiert, die schriftlich überliefert sind und als Texte immer wieder neu interpretiert werden müssen. Im Kontext globaler kultureller Vernetzung und transkultureller Überblendungen erscheint Musik als ein akustisches Erfahrungsfeld, das die Verengung auf den historischen Werkbegriff übersteigt, ohne ihn deswegen aufzugeben; denn er ist in allen drei Sichtweisen latent mit enthalten. Aber beim lernenden Umgang mit Musik und beim Aufbau des musikalischen Denkens setzen wir nicht an der artifiziellen Ausformung komponierter Werke an, sondern an ihren grundlegenden phänomenalen Tatsachen, d.h. an den Tonhöhen, Dauern und am metrischen Pulsieren, die jeder musikalischen Äußerung im Rahmen einer spontanen Aktion oder Improvisation zugrunde liegen.

Bestimmt man Musik in diesem Sinne phänomenal als eine Möglichkeit der vokalen Hervorbringung oder instrumentalen Auseinandersetzung im Rahmen der jeweils gegebenen Klangbedingungen, dann zeigen sich manche Eigenschaften, die Musik als ein universales Phänomen in Beziehung zu anderen klanglichen Kommunikationssystemen (Sprache) und zu expressiven Mitteln bei anderen Lebewesen (Tierlaute) setzen. Mit der Sprache hat die Musik die zeitliche Organisation distinkter Laute, die Verwendung melodischer Konturen unter Verwendung grundlegender musikalischer Parameter wie Tonhöhe, Dauer und Lautstärke gemeinsam, weshalb Musik immer wieder als eine Sprache angesehen oder mit ihr in Analogie gesetzt wird (vgl. dazu Kapitel 5).

Menschlicher Gesang zeigt andererseits aber auch phänomenale Analogien und strukturelle Entsprechungen zu Erscheinungen im Tierreich, zum Gesang von Vögeln, Walen oder einigen Affen (Gibbons). Aber während die Phonation der meisten Tiere angeboren ist (ein Hund kann nur bellen und niemals wie eine Katze miauen, auch wenn er sie noch so oft hört), ist der Mensch in der Lage, die Artikulation von Melodien und Wörtern allein über das Gehör zu lernen, was als audio-vokales Lernen bezeichnet wird (vgl. Kapitel 4). Aber auch dies findet eine Entsprechung im Tierreich, nämlich bei Singvögeln und Walen, die dazu ebenso in der Lage sind wie Menschen.

Warum musizieren Menschen? Zum evolutionären Sinn der Musik

Angesichts dieser Bezüge und Ähnlichkeiten rückt die Frage nach dem evolutionären Sinn der Musik in der Entwicklungsgeschichte des Menschen stärker ins Blickfeld. Es ist nach den anthropologischen und evolutionären Gründen und Motiven zu suchen, warum Menschen überhaupt musizieren. Auf der Grundlage des normalen Alltagsverständnisses wird man sagen können, dass Menschen offensichtlich ein vitales Bedürfnis nach Musik, nach Klang und Rhythmus haben, dass sie beim Musizieren Freude und Erfüllung finden und dass die Beschäftigung mit Musik, die Mitwirkung in einem Chor, das Üben eines Instruments etc. einen eigenen Selbstzweck darstellen, dessen Sinn sich im Tun erfüllt (man spricht daher auch von autotelischen Aktivitäten[5]). Aber wie ist der Mensch zur Musik, zum Singen und Sagen gekommen?

Aus der Sicht der Evolutionsbiologie werden zwei unterschiedliche Theorien vertreten. (1) Die eine geht davon aus, dass die natürliche Selektion in der Entwicklungsgeschichte bestimmte Hirnareale geformt hat, die für Musik und die Verarbeitung ihrer Parameter zuständig sind. Diese entwicklungsabhängige Ausformung kann dabei einerseits bloß als eine angenehme Begleiterscheinung neben der Entwicklung anderer kognitiver Fähigkeiten, aber ohne direkten Nutzen angesehen werden[6] oder als eine in der Entwicklung sinnvolle Adaptation zur Verbesserung der Überlebenschancen[7] durch Vorteile bei der Partnerwahl, in der mentalen Entwicklung[8] oder hinsichtlich eines besseren sozialen Zusammenhalts. (2) Die andere Theorie legt der Ausbildung musikalischer Fähigkeiten die Wirkung genetischer Prädispositionen und somit angeborener Fähigkeiten zugrunde.

Diese beiden Sichtweisen machen einerseits die Umwelt mit ihren Lebensbedingungen und andererseits die genetische Determination zum eigentlichen Motor der Entstehung musikalischer Fähigkeiten. Während der Bezug auf die genetischen Bedingungen vor allem der Genieästhetik des 18. Jahrhunderts Vorschub geleistet hat und künstlerische Begabung (im Unterschied zum Talent) als ein nur Wenigen zuteil gewordenes Geschenk ansah, geht man heute doch eher von einem Wechselspiel zwischen günstigen Umweltbedingungen, die eine anregende Wirkung haben, und der genetischen Anlage aus, welche erst die Rahmenbedingungen für die Ausbildung des jeweiligen Potentials stellt. Es hat sich nämlich gezeigt, dass nicht nur das in der DNA Sequenz festgelegte Erbgut weitergegeben wird, sondern zusätzlich auch Eigenschaften vererbt werden können, die erst durch Umwelteinflüsse und Erfahrungen entstanden sind. Die Wirksamkeit der Gene unterliegt also keinem Automatismus, sondern hängt zusätzlich zu den genetischen Voraussetzungen auch von äußeren Faktoren ab, die die Genexpression erst auslösen, also bestimmen, ob und wann Gene ein- oder ausgeschaltet werden. Auch diese epigenetischen[9] Eigenschaften beeinflussen ganz entscheidend den Lernvorgang.

Die Pädagogik geht heute davon aus, dass jeder Mensch ein bestimmtes Potential und eine bestimmte Sensibilität für Musik mitbringt (siehe Kapitel 2), die dann aber zur Entfaltung gebracht und gefördert werden müssen oder anderenfalls zugunsten anderer Potentiale verkümmern. Es liegt also in der bildungspolitischen Verantwortung unserer Gesellschaft, d.h. es ist die Aufgabe von Familien und Bildungseinrichtungen, Kindern die musikalische Förderung zuteil werden zu lassen, die es ihnen ermöglicht, ihre musikalische Kompetenz weiterzuentwickeln. Dabei ist die Unterscheidung in „begabt“ und „unbegabt“ für die allgemeine Entwicklung irrelevant, weil zur Entwicklung der genetischen Potentiale entscheidend die Lern- und Lebensbedingungen der Umwelt beitragen.

Vor diesem Hintergrund ist auch die Frage zu erörtern, ob und inwieweit es sensible Phasen (sog. Lernfenster) gibt, die zu bestimmten Zeiten genutzt werden müssen. Lernt Hans nimmermehr, was Hänschen nicht schon früher gelernt hat? Eine solche Einschätzung beruht im Wesentlichen auf der Vorstellung einer genetischen Prädisposition. Sie würde im Voraus festlegen, was wann gebildet wird oder werden kann. Dies konnte in einigen wenigen Fällen auch nachgewiesen werden, und zwar was die charakteristische Ausprägung der Prosodie (z.B. bei gehörlosen Patienten) bei der Artikulation von Sprache und was den Grammatikerwerb bei Zweitsprachen betrifft. So ist ein Effekt erkennbar, der auf die grammatischen Fähigkeiten bei einer Zweitsprache wirkt, der von dem Alter abhängt, in dem ein Schüler die Zweitsprache erworben hat.[10] Ähnliches zeigt sich bei

Singvögeln, die ihren artspezifischen Gesang nicht lernen können, wenn sie in einer bestimmten Phase ihres Lebens den Gesang erwachsener Vögel nicht hören können.[11] Beim Menschen können verständlicherweise keine entsprechenden Versuche durchgeführt werden; es liegen also keine empirischen Ergebnisse vor. Dennoch zeigt sich, dass Kinder mit früher Exposition zu Musik und frühem musikalischen Training bessere Voraussagen über die Neuroanatomie im Erwachsenenalter zulassen.[12]

Allerdings sieht man heute die plastische Formbarkeit der Gehirnstrukturen und Funktionen als entscheidenden Faktor für das Lernen an. Das ausreifende Gehirn von Kindern ist in hohem Maße veränderbar und anpassungsfähig, aber diese Fähigkeit (d.h. die hohe Plastizität) behält das Gehirn grundsätzlich bis ins Alter, wo sie sich dann allerdings weniger schnell und leicht auswirkt, weil die Bahnen und Vernetzungen sich im kristallinen Wissen viel stärker verfestigt haben.

All dies genügt aber noch nicht, um zu erklären, warum Menschen denn nun musizieren. Evolutionsbiologische Vorteile bei der Partnerwahl („Der Mann am Klavier hat Glück bei den Fraun…") sind nur anekdotischer Natur. Eher zählt das Argument, dass Musik eine wichtige Rolle für die mentale Entwicklung spielt, weil musikalische Tätigkeiten die Integration vieler anderer kognitiver und motorischer Fähigkeiten erfordern und deren Vernetzung unterstützen und damit zugleich ein Medium zur Einübung in soziale Verhaltensweisen liefern.[13] Dies soll aber nicht dazu führen, vorschnelle Hoffnungen zu wecken, dass musikalische Tätigkeiten und sogar allein das Anhören von Musik kognitive Nebeneffekte auslösen, was man heute mit dem Begriff des Mozart-Effekts[14] oder allgemein als kognitive Transfereffekte bezeichnet. Denn grundsätzlich muss man feststellen, dass musikalisches Training nur musiknahe Fähigkeiten schult und nicht unmittelbar und langfristig auf andere kognitive Fähigkeiten wie Mathematik, Sprachen, Intelligenz u. ä. ausstrahlt.[15] Allenfalls lassen sich Wirkungen auf übergeordneter Ebene etwa im Hinblick auf die Koordinationsfähigkeit, die Bewegungssteuerung, Konzentration und Aufmerksamkeitsfokussierung zeigen, die auch in anderen Bereichen (z. B. beim Lesen und Schreiben, beim Problemlösen oder zum Textverständnis) von Bedeutung sind und bei deren Stärkung zur Verbesserungen in diesen Fällen führen.

Um die Frage nach dem Sinn des Musizierens für den Menschen beantworten zu können, muss man die Tiefenwirkungen von Musik berücksichtigen.

Tiefenwirkungen von Musik

Dass Musik wie kaum eine andere Kunst unmittelbare Wirkungen auf den Menschen ausübt, wissen Künstler, Soziologen, Pädagogen, Psychologen, Medienkundler und Neurowissenschaftler. Die starke physische und psychische Wirkung der Musik ist im Mythos, in Religion und Geschichte überliefert, wenn etwa davon berichtet wird, dass das Spiel der Posaunen (Schofare) die Mauern von Jericho zum Einsturz brachte (Josua 6, 4) oder David mit seinem Harfenspiel Saul besänftigte (1 Samuel 16). Als Beruhigungsmittel erklingt Musik vor und nach jedem Start eines Passagierflugzeugs, als Kaufanreiz im Kaufhaus und in der Werbung, zur Schaffung bestimmter Atmosphären im Spielfilm usw.

Menschen erfahren die unmittelbare Wirkung von Musik täglich in den unterschiedlichsten Zusammenhängen, wenn sie sich ihr bewusst oder unbewusst emotional hingeben oder sie zu verschiedenen Zwecken (z.B. zum Lernen, zum Entspannen wie auch zum Konzentrieren) nutzen. Darum soll es hier aber gar nicht gehen. Vielmehr wollen wir einige Bereiche beleuchten, in denen Musik im Leben einen bedeutenden Platz einnimmt, der erklären könnte, warum Menschen musizieren und dafür viel Kraft und Zeit aufwenden.

- *Musik spricht unmittelbar zu den Affekten* und wirkt auf die Triebstruktur ein. Das macht Musik so wirkungsvoll, aber zugleich auch so gefährlich. Denn sie kann zu ganz verschiedenen Zwecken eingesetzt werden, kann therapeutisch wirken, aber auch demagogisch manipulieren. Thomas Mann lässt daher in seinem Roman *Der Zauberberg* den humanistisch gebildeten Aufklärer Settembrini feststellen: „Musik allein bringt die Welt nicht vorwärts. Musik allein ist gefährlich. … Es ist etwas Bedenkliches um die Musik, meine Herren. Ich bleibe dabei, dass sie zweideutigen Wesens ist."[16] Aber diese Doppelnatur ist kein Merkmal der Musik, sondern ihrer Verwendung im sozialen und politischen Kontext.
- *Musik kann in besonderen, pathologischen Fällen Reaktionen auslösen*, die auf andere Weise nicht möglich wären. So wird z. B. Klavierspiel, d.h. die kontrollierte Bewegung der Hände und Finger auf einer Tastatur, bei Schlaganfall-Patienten eingesetzt, die auf diese Weise ihre Motorik zu reaktivieren lernen. Dies ist umso erfolgreicher, als die Rückmel-

dung über die Ergebnisse (z.B. wieder eine bekannte beliebte Melodie spielen zu können) eine emotionale Reaktion auslöst, die erneut motivierend wirkt.[17] Für autistische Patienten kann Musik das einzige Tor zur zwischenmenschlichen Kommunikation sein, weil hier emotionale Resonanz ohne andere Zwischenträger ins Spiel kommt und dadurch eine kommunikative Öffnung möglich wird.

- *Musik ist unmittelbarer Ausdruck menschlicher Befindlichkeit* und findet daher ihre eigentliche Erfüllung im Tun. Daher singen Menschen im Chor, werden Mitglied eines Musikvereins, spielen in Ensembles, besuchen Konzerte, kaufen CDs und widmen einen großen Teil ihrer Freizeit musikalischen Aktivitäten. In der – aus der Sicht kommerzieller Verwertung und produktiver Lohnarbeit – zweckfreien Ausübung von Musik gelangen Menschen in den Zustand des „Flow“, der die höchste Befriedigung und Erfüllung in der Hingabe an das Tun, an die Ausübung der Musik im Spiel bezeichnet.
- Darüber hinaus *stellen musikalische Aktivitäten eine höchst komplexe Anforderung an das menschliche Gehirn*, weil beim Musizieren viele unterschiedliche Tätigkeiten aktiviert und untereinander koordiniert werden müssen: die Koordination der Hand- und Körperbewegungen, die Verbindung von Notenbild und Griff, die innere Hörvorstellung, eine reflexartige Korrektur der Tonhöhe, die emotionale Beteiligung bei gleichzeitiger auditiver Kontrolle, kurz es müssen sowohl motorische als auch emotionale, visuelle und auditive Areale in der linken und rechten Hemisphäre verbunden sein, um miteinander interagieren zu können (Abb. 1.1).

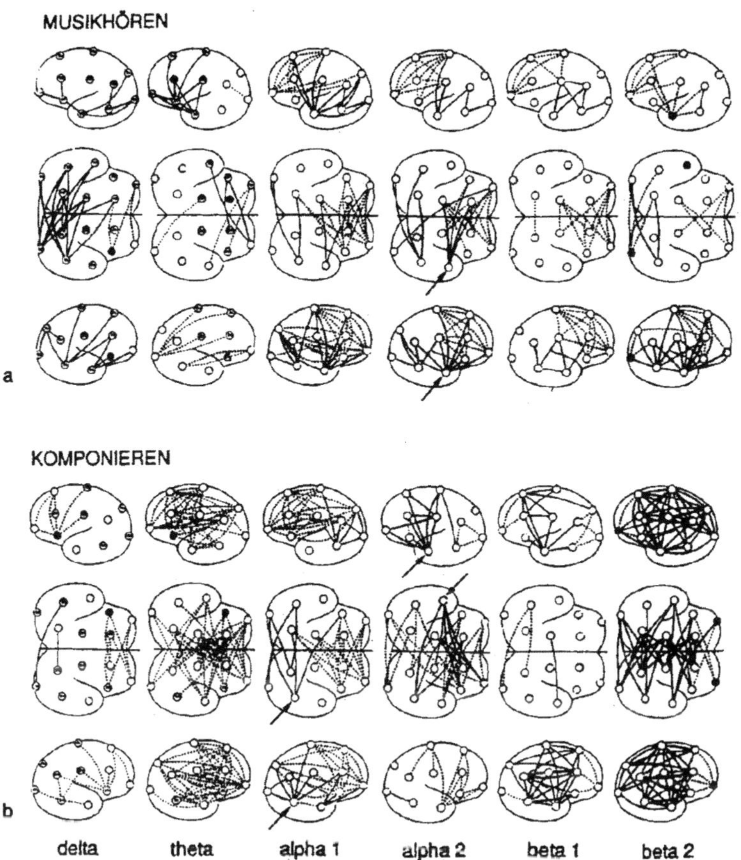

Abb. 1.1
Das Diagramm zeigt die Verbindung der aktivierten Hirnareale beim Musikhören und Komponieren als intensivster Form musikalischer Betätigung. Dargestellt ist der seitliche Aufriss der linken (obere Zeile) und rechten (untere Zeile) Hemisphäre. Dazwischen steht die Projektion beider Hemisphären. Die Kreise bezeichnen die jeweilige Position der Elektroden beim EEG, die Verbindungslinien verweisen auf Interaktionen zwischen ihnen. Dabei wird deutlich, dass schon das Musikhören eine intensive Interaktion zwischen beiden Hemisphären hervorruft, die aber beim Komponieren noch deutlich zunimmt. (Aus: Petsche, 1997, S. 91.)

Sieht man Musik als ein soziales, interpersonelles Kommunikationsmittel und als intimes Medium persönlichen Ausdrucks mit hohem Aktivierungspotential an, dann wird verständlich, dass gemeinsames ebenso wie individuelles Musizieren einen hohen Rang in den menschlichen Freizeitaktivitäten einnimmt. Versteht man darüber hinaus, dass Musizieren einen Bereich zwischenmenschlicher Interaktion betrifft und soziale Integration ermöglicht, wird die Bedeutung gemeinsamen Musizierens umso sinnfälliger. Versteht man schließlich die Bedeutung der Musik für die Förderung des nonverbalen Denkens und der mentalen Entwicklung, dann zeigt sich ihre funktionelle Wirkung vor allem in der Möglichkeit, die eigene Äußerung mit der anderer Menschen zu koordinieren und zeitlich zu integrieren (*entrainment*), also durch gemeinsames gleichzeitiges Handeln mit anderen zu verbinden, z. B. in einem Chor oder Orchester, in dem mehrere Personen die gleiche Stimme zusammen ausführen und das Ganze in ein harmonisches Ganzes einpassen. Sprachlicher Diskurs erfordert ein ständiges Hin und Her im Austausch von Argumenten und sprachlichen Handlungen. Nur in der Musik können die Einzelaktionen in ein synchrones polyphones Stimmgewebe integriert werden. Das bedeutet, dass der einzelne Ausführende sich in Tonhöhe und Tempo exakt mit den anderen Mitspielern koordinieren muss. Es gibt auch im Tierreich genügend Beispiele gleichzeitiger stimmlicher Lautäußerung, z. B. wenn Wölfe im Rudel heulen. Aber im Unterschied zum menschlichen Gesang fehlt dort die Koordination in Bezug auf Melodik und zeitliche Organisation. Und genau darin liegt die besondere Wirkung des gemeinsamen musikalischen Tuns, das dann im Gelingen seine befriedigende Erfüllung findet.

Kapitel 2

Am Anfang war das Ohr
Wie sich die Wahrnehmungsfähigkeit schon vor der Geburt entwickelt

Einer viel zitierten Anekdote nach soll Zoltan Kodály auf die Frage von Eltern, wann denn die Bildung musikalischer Fähigkeiten einsetze, geantwortet haben: „Neun Monate vor der Geburt …" und nach einer kurzen Pause ergänzt haben: „… der Mutter!" In dem Scherz steckt ein wahrer Kern; denn es leuchtet durchaus ein, dass das meiste, was kleine Kinder am Anfang ihres Lebens mitbekommen, nicht nur von den Genen, also der vererbten Anlage abhängt, sondern mindestens ebenso durch die Umgebung mitbestimmt wird, die sich günstig oder ungünstig auf die Entwicklung auswirkt. Und diese Umgebung wird in aller Regel zuerst durch die eigene Familie geprägt. Insofern bietet tatsächlich die musikalische Bildung der Mutter, der Eltern und Geschwister, also des gesamten familiären Umfeldes eine Voraussetzung dafür, dass der Säugling eine musikalisch reizvolle (im Gegensatz zu einer reizarmen) Umgebung vorfindet, in der sich seine musikalischen Anlagen auch entsprechend entwickeln können.

Aber wir wollen hier nicht so weit zurückgehen, sondern nur die aktuelle Entwicklung eines Fötus betrachten. In den letzten Jahrzehnten ist das Forschungsinteresse der Entwicklungspsychologie an der frühen embryonalen und fötalen Phase stark gewachsen. Daher wurden viele neue Erkenntnisse über die Entwicklung sensorischer, motorischer und kognitiver Fähigkeiten gewonnen und publiziert, so dass wir heute einiges mehr über die Entwicklung des Gehörs und des Geruchssinns, über spontane und reaktive Bewegungen, über die Fähigkeit des Erinnerns und Wiederkennens wie auch über die Gewöhnung (Habituierung) an bestimmte sensorische Reize wissen, was in gewissem Umfang bereits als Lernen bezeichnet worden ist.

In den 38 Wochen der Schwangerschaft wächst der Mensch im (Frucht)Wasser in relativer Dunkelheit heran, entwickelt sich aber sehr schnell.[18] Ab der 12. Woche kann er schmecken und reagiert ab der 22. bis 24. Woche auf Geräusche. Ultraschallaufzeichnungen haben ergeben, dass sich der Fötus schon ab der 8. Woche zu bewegen beginnt, zunächst mit passiven Bewegungen, die vom Rückenmark ausgehen und zu spontanem Beugen und Strecken der Arme und Beine führen. Später wirken dann neuronale Signale mit der Propriozeption, d.h. der Eigenwahrnehmung über die Lage und Spannung der Gliedmaßen mittels der efferenten und afferenten Nervenbahnen zusammen und ermöglichen so eine allmähliche einsetzende Bewegungskontrolle, die dazu führt, dass Föten auf bestimmte Klänge und Geräusche mit verstärkten Bewegungen reagieren können. Auf diese Weise entstehen neuronale Erregungsmuster im Gehirn, die durch sensorielle und motorische Erfahrungen gebildet werden. Am Ende der Schwangerschaft kann man dann verschiedene Aktivitätsphasen feststellen. Man unterscheidet hier ruhigen und aktiven Schlaf sowie ruhige und aktive Wachzustände.[19]

So dunkel die fötale Umgebung ist, so geräuschvoll ist sie andererseits. Während der gesamten zweiten Hälfte der Schwangerschaft kann der Fötus hören; die Schnecke im Innenohr (Cochlea) ist bereits ab der 25. Woche nahezu vollständig ausgereift. Die Geräusche, denen der Fötus ständig ausgesetzt ist und die er folglich auch hören kann, stammen vom Rauschen des Blutkreislaufs, vom Herzschlag der Mutter, ihrem Atem wie ebenso von den Geräuschen des Verdauungstrakts und der körperlichen Bewegungen. Diese innerlich wahrnehmbaren Geräusche sind naturgemäß viel lauter als die von außen stammenden, die durch das umgebende Muskelgewebe stark gedämpft werden. Gut vernehmbar ist dagegen die Stimme der eigenen Mutter, weil sie über die interne Knochenleitung übertragen wird. Aber natürlich dringen auch externe Geräusche an das Ohr des Fötus, hier vor allem zunächst tiefe Frequenzen zwischen 250 und 500 Hertz, einem Bereich, der vornehmlich der Sprache vorbehalten ist. Dabei werden infolge der Körperdämpfung die Vokale besser oder klarer übertragen als die Konsonanten. Insofern kommt der singenden Stimme der Mutter eine ganz besondere Bedeutung zu, weil dies die ersten musikalischen Äußerungen sind, die das ungeborene Kind in seiner geräuschhaften Umgebung vernehmen kann. So kommt es, dass Neugeborene die Stimme ihrer Mutter gegenüber einer anderen weiblichen Stimme eindeutig bevorzugen.[20]

Man kann sich nun fragen, warum diese Phasen im fötalen Verhalten für die ontogenetische Entwicklung des Menschen so wichtig sind und es nicht genügt, dass der Organismus im Mutterleib einfach nur heranwächst und sich die neuronale Organisation für das spätere Leben außerhalb des

Mutterleibs entwickelt. Es dürfte auf der Hand liegen und wird durch die Forschung bestätigt,[21] dass auf diese Weise bereits Verhaltensweisen eingeübt werden, die für die eigene Entwicklung und die spätere Integration in die Gesellschaft wichtig sind. Peter Hepper (2005) nennt hier

- die Erprobung der Anpassungsfähigkeit an äußere Umstände,
- die Einübung lebenswichtiger Funktionen – hier bietet das Atmen ein gutes Beispiel. Der Fötus ist zwar nur vom Fruchtwasser umgeben, das aber auch in seine Lungen gerät; beim Herauspressen der Flüssigkeit wird die Lungentätigkeit aktiviert, die der Säugling dann später beim Atmen braucht),
- das Training des Bewegungsapparats und
- die Erinnerung an Stimmklänge und Gerüche, die für die Mutter-Kind-Bindung von ausschlaggebender Bedeutung sind.

Da das Hören der Sinneskanal ist, der am frühesten ausgebildet und voll funktionsfähig ist, kommt ihm eine besondere Beutung zu. Abgesehen davon, dass ein Fötus bereits vokale Klänge unterscheiden kann, zeigen sich gegen Ende der Schwangerschaft deutliche Reaktionen auf Musik. Um die 33. Woche ändern sich die Herzfrequenz und die Bewegung als Reaktion auf Musik.[22] Offenbar können aber auch Melodien erinnert werden, die pränatal nach der 30. Schwangerschaftswoche wiederholt dargeboten wurden. Neugeborene bevorzugen pränatal gehörte Musik deutlich gegenüber nicht vertrauten Klängen. Eine vor der Geburt regelmäßig dargebotene Melodie führt zu einer nachweisbaren Änderung in den Bewegungen. Hört das neugeborene Kind diese Melodie wenige Tage nach der Geburt erneut, zeigt es ein deutlich verändertes Verhalten der Wachheit. Aber diese Änderung verschwindet wieder nach drei Wochen, sofern die Musik nicht mehr dargeboten wird.[23]

Kann man daraus schließen, dass Föten bereits lernen können? Die Abwesenheit von Bewusstsein und daher von bewusstem Verhalten macht es schwierig, hier schon von „Lernen" zu sprechen. Doch es liegt etwas vor, was in der Lernpsychologie als klassisches Konditionieren bezeichnet wird und am besten durch assoziative Strukturen des Gedächtnisses erklärt werden kann. Ein wiederholt dargebotener akustischer Reiz – ein Rhythmus oder eine Melodie – wird assoziativ mit einem emotionalen Zustand (hier des Wohlfühlens und der Geborgenheit) verknüpft. Dies kann sich dann in einer Änderung der Herzrate oder der Bewegungsaktivität äußern. So entsteht ein komplexes Erregungsmuster im Gehirn, das dann wieder als

Ganzes aktiviert wird, selbst wenn nur ein Element daraus erregt wird (Abb. 2.1).

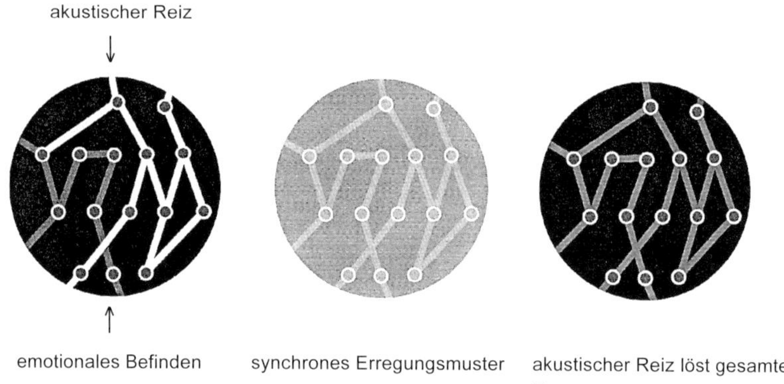

Abb. 2.1
Grafik synchron verschalteter Erregungsmuster. (Mit freundlicher Genehmigung von G. Hüther)

So ergibt sich eine Art expositorischen Lernens, bei dem allein die wiederholte Darbietung zur Bildung eines Erregungsmusters führt, das im Gedächtnis gespeichert werden kann. Damit verwandt ist der Gewöhnungseffekt, wenn ein deutlich herausgehobener Reiz, der bestimmte Erregungsreaktionen auslöst, durch häufige Wiederholung an Stärke verliert, so dass schließlich eine Reaktion ausbleibt (Habituierungseffekt). Diese Verhaltensformen unterscheiden sich aber deutlich vom eigentlichen Lernen in der späteren Kindheit, in der fokussierte Aufmerksamkeit und willentlich gesteuerte Imitation zentrale Impulse für das Lernen darstellen. Davon kann im pränatalen Zustand aber noch nicht die Rede sein, weshalb man besser von einer allmählich einsetzenden und dann zunehmenden Leistungsfähigkeit des Gedächtnisses am Ende der Schwangerschaft sprechen sollte.

Weil das Hören am Anfang der sensorischen Entwicklung steht, können und sollen Kinder bereits im Mutterleib Musik hören. Dies muss nicht unbedingt übertrieben werden, indem man der schwangeren Mutter einen i-Pod auf den Bauch legt. Viel sinnvoller ist die Übertragung der klanglichen Vibration über die Knochenleitung, also die Nutzung der eigenen Stimme. Bei allen äußerlich dargebotenen Schallquellen ist darauf zu achten, dass der Lautstärkepegel nicht zu hoch ist. Denn im Innenohr, in der Hörschnecke (Cochlea), befinden sich feine Haarzellen, die tonotop, d.h. nach dem Ort der Tonhöhe angeordnet sind, und zwar so, dass die Haarzellen, die auf tiefe Töne (Frequenzen) ansprechen, sich an der Spitze befinden, während die Rezeptoren für hohe Töne (bzw. hohe Frequenzen) am Eingang der Schnecke liegen. Da Föten aber zunächst nur niederfrequente (also tiefe) Töne wahrnehmen können, die Zellen nah an der Basis aber zuerst reifen, reagieren diese auch anfangs auf tiefe Töne und werden dann mit den sich erweiternden Fähigkeiten der Schnecke allmählich auch für höhere Töne empfindlich. Im Lauf der fötalen Entwicklung verschiebt sich also die tonotope Abbildung.[24] Dies kann zur Folge haben, dass zu großer Schalldruck im niederfrequenten, tiefen Bereich zu einer Schädigung gerade der Haarzellen führt, die später für höhere Frequenzen bei der Unterscheidung von Klangfarben oder Konsonanten gebraucht werden.

Die ausgeprägte pränatale Entwicklung des gesamten Organismus zeigt eindrucksvoll, welche sensorischen und motorischen Fähigkeiten bereits vorgeburtlich entwickelt werden, wozu die Mutter durch ihr natürliches Verhalten beiträgt. Der Befindlichkeit der Mutter kommt überhaupt eine entscheidende Bedeutung zu, weil sich diese sowohl hormonell als auch durch die Körperspannung unmittelbar auf das Kind überträgt. Daher gilt es, möglichst alles auszuschalten, was durch Stress oder Verkrampfung die Befindlichkeit negativ beeinflusst und dadurch die vorgeburtliche Entwicklung schädigt.[25] Geborgenheit und Wohlbefinden bilden die Grundlage für die emotionale Bindung zwischen Mutter und Kind und darüber hinaus für die physische und psychische Entwicklung in der Kindheit. Melodien, die die Mutter selber singt – gleichgültig, ob sie selbst oder andere diese Stimme als schön empfinden – oder die sie auf einem Instrument spielt, tun dem Kind gut. Sie erhöhen außerdem die emotionale Bindung und festigen das innere Beziehungsgefüge. „So wird das sich entwickelnde Gehirn lange vor der Geburt zu einem sich fortwährend ergänzenden und vervollständigenden Abbild der Verhältnisse, unter deren Einfluss es sich herausformt."[26]

Kapitel 3

Der kompetente Säugling
Was Babys schon alles können

Man hat lange Zeit Säuglinge und kleine Kinder als Mängelwesen betrachtet, die noch ganz unfertig auf die Welt kommen und zum Überleben der mütterlichen Pflege bedürfen. Der Baseler Zoologe und Anthropologe Adolf Portmann (1897 – 1982) hat daher das Kind als „normalisierte Frühgeburt" bezeichnet.[27] Aus der Sicht der Hirnentwicklung wird ein Baby zu früh geboren, weil ein ausgereiftes Gehirn einen Schädel erforderte, der nicht durch den Geburtskanal passt. Daher muss das Neugeborene seinen unfertigen Zustand erst im sozialen Mutterschoß der Familie durch Fürsorge und adaptives Lernen allmählich voll entwickeln. Die Sicht auf den Säugling als einen verfrüht auf die Welt gekommenen Nesthocker hat sich aber grundlegend gewandelt. Die kognitive Entwicklungspsychologie und neue Methoden der Verhaltensbeobachtung haben dazu beigetragen, dass die bereits vielfältig angelegten Kompetenzen und Potentiale eines Säuglings stärker ins Blickfeld gerückt sind, weshalb man heute vielmehr vom „kompetenten Säugling" spricht[28] und von der Ansicht abrückt, dass der Säugling einen genetisch determinierten Organismus darstellt, der nach einem biologischen Plan wächst und reift. In der Folge der Arbeiten von Jean Piaget (1896 – 1980)[29] und René Spitz (1887- 1974)[30] hat man sich vielmehr in der experimentellen Säuglingsforschung auf die Entwicklung der geistigen Fähigkeiten kleiner Kinder konzentriert. Heute können wir daher auf eine Fülle von Veröffentlichungen zurückgreifen, die sich der Entwicklung in den ersten Lebensjahren widmen[31] und Kleinkinder als „klug, neugierig und fit für die Welt"[32] beschreiben und sich der Frage widmen, „was Babys denken".[33] Um diesen Perspektivenwandel recht zu verstehen, wollen wir hier einen kurzen Exkurs zur geschichtlichen Entwicklung des Verständnisses der Kindheit einfügen.

Exkurs: Kindheitsbilder

Populär geworden ist die These, dass „Kindheit ein gesellschaftliches Kunstprodukt, keine biologische Kategorie" sei und „eine der großen Erfindungen der Renaissance" darstelle, sich also eine sozial abgrenzbare Struktur Kindheit erst im Laufe des 16. Jahrhunderts herausgebildet habe, durch Neil Postmans seinerzeit vieldiskutiertes medienkritisches Buch „Das Verschwinden der Kindheit"[34]. Postman greift damit die Ergebnisse einer Studie von Philippe Ariès auf, der die Einstellung Erwachsener zu Kindern in der Gesellschaft des *ancien régime* untersucht hat.[35] Ariès kommt darin zu dem Ergebnis, dass bis in das 16. Jahrhundert hinein die Lebenssphäre von Kindern weder räumlich noch kulturell von der der Erwachsenen getrennt war. Wenn in der Malerei des 15. und 16. Jahrhunderts Kinder nach Kleidung, Haltung und Gebaren wie kleine Erwachsene dargestellt werden, so spiegelt sich darin die Vorstellung, dass Kindheit ein Zustand sei, der möglichst frühzeitig zu überwinden sei, dass das kindliche Kind noch nicht als wirklicher Mensch angesehen wurde (Abb. 3.1). Im Laufe des 16. Jahrhunderts setzt dann eine allmähliche „Ausgliederung der Kinder aus dem Leben der Erwachsenen" ein, durch die der Weg der Kinder aus der Geborgenheit einer ganzheitlichen Lebenswelt „in die pädagogische Dressur einer Gesellschaft" führt, „die ihre verschiedenen Lebensbereiche immer stärker institutionell aufzugliedern bestrebt ist."[36] Die Geschichte der Kindheit und der Prozess der Zivilisation verlaufen in gewisser Weise parallel und verfolgen das Ziel der Dämpfung der affektiven Triebstruktur.[37]

Dem idyllischen Bild der ganzheitlichen Lebenswelt des Kindes im Mittelalter ist eine Forschergruppe um Lloyd DeMause[38] entgegengetreten. Obwohl er Ariès Grundthese von der Entstehung der Kindheit im 16. Jahrhundert bestätigt, kommt er in der Bewertung dieses Zustandes doch zu einem entgegengesetzten Befund. Erkennt Ariès in der vermehrten pädagogischen Aufmerksamkeit, die seit dem 17. Jahrhundert in Erziehungslehren dem Kind geschenkt wird, analog zu Elias den Beginn einer immer stärkeren Unterdrückung kindlicher Emotionalität, so weist de Mause darauf hin, dass im 18. Jahrhundert ein Wandel in der Eltern-Kind-Beziehung eintrat, wonach die Eltern fähig wurden, sich in die besonderen psychischen Bedingungen kindlicher Entwicklung hineinzuversetzen und ihnen Verständnis entgegenzubringen. Im Mittelalter sei das Kind in einem schutz- und rechtlosen Raum aufgewachsen. Mit dem Auftreten philanthropischer Erziehungslehren (Einrichtung von Armenschulen und Waisenhäusern) und unter dem großen Einfluss, den Jean-Jacques Rousseaus Erziehungsroman *Émile* (1762) ausübte, wuchs die Einsicht in die Notwendigkeit, der Kindheit ihren Eigenwert beizumessen und der kindlichen Bildung einen eigenen Schutzraum zuzuweisen. Damit vollzog sich zugleich eine Ausgrenzung der Kindheit aus der Lebenssphäre der Erwachsenen und mündete in eine immer stärkere Pädagogisierung der Kindheit. Doch dies betrifft bis ins 19. Jahrhundert nur das Kind in bürgerlicher Umgebung. Sie schafft einen privilegierten Schonraum; Kindheit als psychisches Moratorium und soziale Struktur wird institutionalisiert.

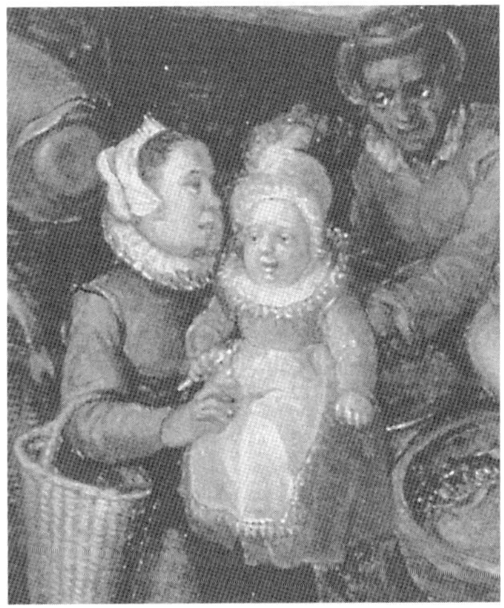

Abb. 3.1
Jan Brueghel d. Ä.: Großer Fischmarkt (1603), (Ausschnitt). Das Kind im Vordergrund des Bildes ist in seiner Kleidung der Amme angeglichen und wirkt in Haltung und Gesichtsausdruck wie ein kleiner Erwachsener. (Foto: Bayerische Staatsgemäldesammlungen – Alte Pinakothek München)

So bietet sich uns ein schillerndes Bild von der Kindheit. In dem Maße, wie der Erwachsene seine eigene Kindheit überwunden hat, hat er auch sein Bild davon verändert. In der mittelalterlichen Gesellschaft waren die Erwachsenen noch so kindlich, was ihre Vorstellungswelt und ihre Affektkontrolle anging, dass Kinder zwar sehr ungeschützt, aber auch ohne Ausgrenzung am Leben der Gemeinschaft teilhaben konnten. Die Verbannung der Kinder in den Schonraum pädagogischer Institutionen brachte ihnen zwar Schutz vor Willkür und extremer Vernachlässigung, sie bedeutete aber zunehmend auch den Verlust erlebnisfähiger Teilhabe an wesentlichen Bereichen menschlichen Lebens. In dem Moment, in dem Kindheit für alle Kinder zur Lern- und Schulkindheit geworden ist, wird Kindheit als dysfunktionaler Störfaktor in steigendem Maße aus dem gesellschaftlichen Leben der Erwachsenen verbannt.[39]

Heute scheint eher das Gegenteil zur Ausgrenzung der Kindheit eingetreten zu sein, was aber ebenso zum „Verschwinden der Kindheit" als einer Lebensphase mit eigenen Strukturbedingungen beigetragen hat. Die totale Verfügbarkeit medial zugänglicher Information und Unterhaltung hat dazu geführt, dass Kinder heute in Kleidung und Mode, Freizeitverhalten und Konsumgewohnheiten von der Industrie als eigene Zielgruppe neben den Erwachsenen umworben werden. Gleichzeitig sollen Kinder immer früher beschult und in Bildungseinrichtungen aufgenommen werden, weil die soziale Umgebung der traditionellen Familie sich in Auflösung befindet und damit private und staatliche Institutionen die Rolle der Erziehungsinstanz übernehmen müssen. Davon ist auch die musikalische Früherziehung nicht ausgenommen. Immer mehr Eltern geraten immer häufiger in Sorge, ein wichtiges Lernfenster zu verpassen oder die kognitive Förderung, die vermeintlich mit Musik zu erreichen ist, zu vernachlässigen. Mit der Popularisierung neurowissenschaftlicher Forschungsergebnisse ist es dazu gekommen, dass Eltern eher verunsichert als aufgeklärt werden. John Bruer hat bereits 1999 davor gewarnt, die ersten drei Lebensjahre zu mystifizieren.[340] So richtig es ist, dass alles Lernen in der Kindheit leichter fällt, weil das Gehirn in der Zeit seiner Ausreifung noch sehr formbar und plastisch ist und Kinder daher anders lernen als Erwachsene, so wichtig ist es aber auch, sich vor falschen Sorgen zu schützen. Denn es gilt, einen genetischen Determinismus, dessen Aussagen zum frühkindlichen Lernen sich allein auf das frühe Synapsenwachstum stützen, zu relativieren und neuroanatomische Befunde richtig zu deuten. Dazu wollen wir in den folgenden Kapiteln beitragen.

Kinder brauchen Zuwendung und Anregung; Überreizung durch zu viele Angebote und zu frühes formelles Lernen kann ebenso schädlich sein wie Vernachlässigung. Säuglinge müssen nicht schon zwei Fremdsprachen täglich hören und mit Mozart beschallt werden. Es gilt vielmehr, ein natürliches Gleichgewicht von Anregungen – auch musikalischen Anregungen durch Gesang und Bewegung – und ruhiger eigener Verarbeitung zu finden. Das Beste, was wir tun können, ist, Kindern eine komplexe Umgebung zu bieten, die nicht absichtlich fördern und anregen will. Das ausreifende Gehirn ist in der Lage, genau die Stimulationen aufzunehmen, die es gerade braucht. Die Chancen dazu dazu am größten, wenn wir eine komplexe, d.h. natürliche familiäre Umgebung bieten, in der wir mit den Kindern kommunizieren, zu ihnen sprechen, ihnen vorsingen und ihren Bewegungsdrang unterstützen. Wenn Eltern das tun, tun sie das Richtige! Gezielte Förderung müsste dagegen genau wissen, was ein Säugling in jedem Moment gerade braucht. Eine komplexe Umgebung enthält vielerlei, was jedem Kind etwas seinem Entwicklungsstand Entsprechendes bieten kann.

* * *

Vor dem Hintergrund dieses Wandels im Verständnis der Bedeutung der Kindheit sollen nun die Entwicklung der musikalischen Fähigkeiten im ersten Lebensjahr und die für die emotionale und kognitive Entwicklung zuträglichen Lebensumstände, die von Bindungsvertrauen und Zuwendung geprägt sein sollten, betrachtet werden.

Entgegen der noch bis in die Mitte des 20. Jahrhunderts vorherrschenden Meinung kommen Neugeborene keineswegs so gut wie blind und in ihrem Hörvermögen eingeschränkt auf die Welt. Vielmehr erstaunen sie uns durch ihre Fähigkeit, Änderungen der Tonhöhen und Tondauern zu erkennen, durch ihre Präferenz für bestimmte Klänge und damit verbunden durch ihre interessierte Zuwendung zu expressiven vokalen Klängen und ihr Gedächtnis für musikalische Ereignisse. Darüber hinaus haben Kinderpsychologen an der University of Washington festgestellt, dass Säuglinge bereits wenige Stunden nach der Geburt die Mimik von Erwachsenen nachahmen können, was umso erstaunlicher ist, als dabei ein neuronaler Mechanismus in Gang kommt, durch den etwas, das bei einer anderen Person wahrgenommen wird (z.B. dessen erstaunter Gesichtsausdruck mit weit geöffnetem Mund oder das Herausstrecken der Zunge), auf den eigenen Körper (Mund bzw. Zunge) bezogen werden muss.[41] (Abb. 3.2)

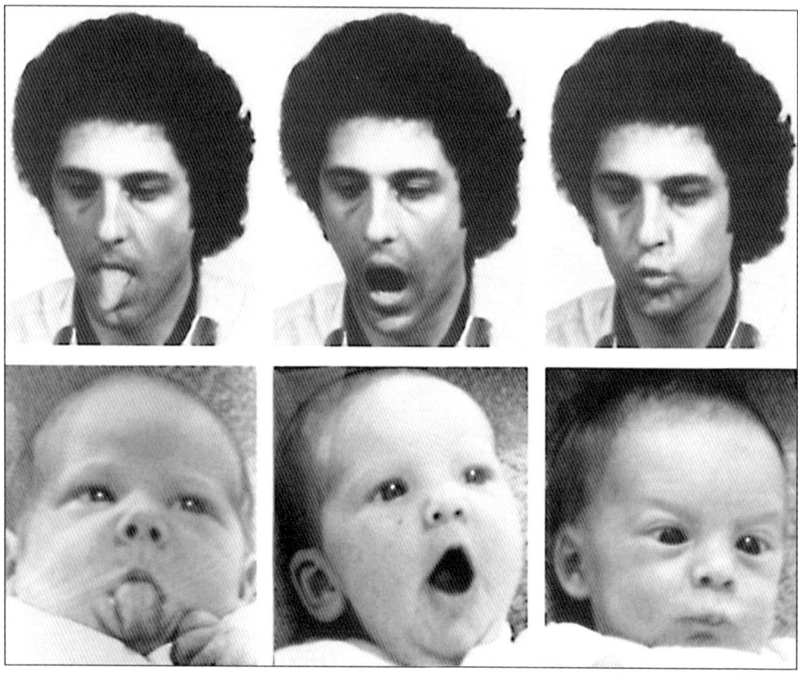

Abb. 3.2
Schon kleine Säuglinge sind in der Lage, die Mimik Erwachsener zu imitieren. Mit freundlicher Genehmigung von A.N. Meltzoff.

Die in der Spiegelung der Mimik zutage tretende spontane oder bedingte Imitation, die im Unterschied zur absichtsvollen Imitation beim Lernen zutreffender als Echo zu beschreiben wäre, zeigt sich auch beim Schreien von Säuglingen. Die ständige Wahrnehmung der melodischen Kontur (Prosodie) der Muttersprache führt dazu, dass deren prosodische Verlaufsmuster auch von der vokalen Struktur des Schreiens übernommen werden und dabei die Kontur der Sprache abbilden. Daher zeigt der typische Verlauf des Schreiens von deutschen und französischen Babys strukturelle Ähnlichkeiten in ihrem Frequenzspektrum wie in der Dynamik mit Aufnahmen der jeweils gesprochenen Muttersprache.[42] Die vokale Artikulation beim Schreien von Babys entspricht daher der Art, wie die Mütter zu ihren Kindern sprechen (Abb. 3.3)

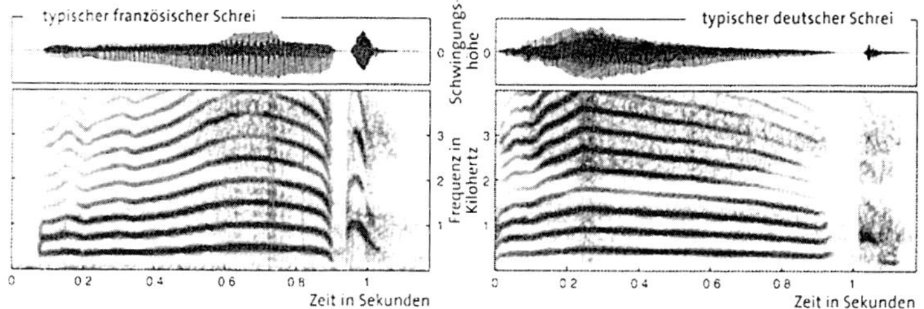

Abb. 3.3
Sonogramm des Frequenzspektrums beim Schreien von deutschen und französischen Babys. Der dynamische Verlauf in der Prosodie der französischen Sprache mit der Betonung am Ende ›la gare cen*trale*‹ unterscheidet sich deutlich von der deutschen Aussprache von ›*Haupt*bahnhof‹. (Aus: Mampe et al., 2009, mit freundlicher Genehmigung von Kathleen Wermke und Angela Friederici)

Ähnliches liegt vor, wenn Kleinkinder die Laute und Bewegungen der Erwachsenen nachmachen (Echolalie und Echopraxie). Die Fähigkeit, Ich und Du in Beziehung zu setzen, scheint schon von Anfang an ausgebildet zu sein und befähigt das Kind zu sozialer Interaktion. Autistische Kinder sind gerade dazu unfähig. Es scheint einfacher zu sein, Ich und Du zu trennen als das Trennende zu überbrücken und kommunikativ in Beziehung zu setzen. Doch kommunikative Interaktionen insbesondere zwischen Mutter und Kind sind das Normale; sie setzen unmittelbar nach der Geburt ein und entwickeln sich von da an intensiv in Abhängigkeit von der mütterlichen Zuwendung. Dabei bilden die so erworbenen Muster eine Form vokaler präverbaler Kommunikation, die den Spracherwerb vorbereitet und unterstützt. Diese Form kommunikativer Interaktion schließt neben den lautlichen Äußerungen (Phonationen) insbesondere auch alle Formen des Körperkontakts und einen intensiven Blickkontakt ein. Auf diese Weise erwerben Säuglinge im ersten Lebensjahr lange vor dem eigentlichen Spracherwerb bereits Verlaufsmodelle der Kommunikation (prototypische Interaktionsstrukturen) zum Austausch nonverbaler Information. Dabei sind die einzelnen Interaktionsformen wechselseitig aufeinander bezogen. So kann der Blickkontakt körperliche Aktionen begleiten oder diese auslösen und zugleich Zuwendungsverlangen signalisieren. Ebenso werden durch Blickkontakt Gemütszustände übermittelt, die dann wieder eine vokale Aktion auslösen oder verändern können. Bis zum Beginn des Spracherwerbs wirken diese verschiedenen Kommunikationsmodi wie in einer polyphonen Partitur zusammen.[43] (Abb. 3.4)

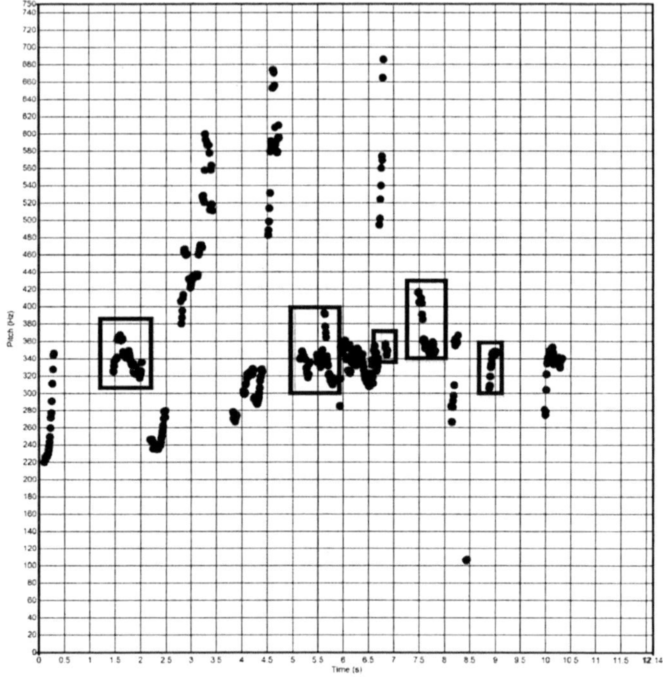

Abb. 3.4
Integration der Frequenzbereiche bei der vokalen Interaktion von Mutter und Kind (eingerahmter Verlauf). Mit Ausnahme der drei kurzen Frequenz-Spitzen am Ende einer mütterlichen Phrase bleibt das Kind exakt innerhalb des vokalen Spektrums der Mutter. (Nach: Leimbrink, 2010)

Am vertrautesten ist dem Säugling natürlich die Stimme der eigenen Mutter, die schon vor der Geburt ständig zu hören war. Daher bevorzugen Kinder nach der Geburt auch eindeutig diese Stimme vor allen anderen. Denn jede Mutter prägt eine nur ihr eigene „Melodik" des Sprechtonfalls aus (*signature tunes*). Diese charakteristischen prosodischen Verläufe verbinden sich mit dem Gefühl von Geborgenheit und Sicherheit. Allein das Hören dieser *signature tunes* erweckt im Säugling unmittelbar wieder das ursprüngliche Geborgenheitsgefühl, weshalb er sie bevorzugt.[44] Darüber hinaus kann man feststellen, dass Mütter, aber auch Väter, Geschwister, Großeltern etc. mit kleinen Kindern in einem anderen Tonfall reden als mit anderen Erwachsenen: die an Kinder gerichtete Sprechmelodik erfolgt meist in einer höheren Tonlage und zeichnet sich durch eine expressiv gesteigerte Intervallik und Dynamik (Prosodie) aus. Diese typische Sprechweise wurde bisher als „motherese" oder „parentese" bezeichnet. Heute spricht man neutraler vom kindgerichteten Sprechen (*child directed speech*). Es zeigt sich nun, dass schon zwei Tage alte Säuglinge der Form des kindgerichteten Sprechens mehr Aufmerksamkeit schenken als normalem Sprechen und jenem daher auch länger (lieber?) zuhören. Die kindgerichtete vokale Kommunikation schließt, wie oben dargestellt, meist auch körperlichen und Blickkontakt ein. Noch attraktiver als das mütterliche Sprechen erscheint dem Säugling jedoch das mütterliche Singen. Schon 5- bis 6-monatige Säuglinge zeigen deutlich mehr Interesse am Singen als am Sprechen.[45] Dies sollte alle Betreuer von kleinen Kindern dazu ermuntern, so häufig wie möglich zu ihren Kindern zu singen!

Seit dem ausgehenden 20. Jahrhundert hat sich die musikalische Säuglingsforschung intensiv mit der Wahrnehmungsfähigkeit von Kindern im ersten Lebensjahr beschäftigt. Mit Hilfe eines einfachen standardisierten Verfahrens kann man zeigen, dass Säuglinge selbst Mikrointervalle, die kleiner als ein Halbton sind, entdecken, wenn diese Abweichung innerhalb einer Melodie erscheint. Bei diesem Verfahren werden die Kinder an eine bestimmte Musik gewöhnt (Habituierung), die aus einem seitlich angebrachten Lautsprecher ertönt. Wenn dann aus einem gegenüberliegenden Lautsprecher eine neue Melodie erklingt, wenden Säuglinge in der Regel ihren Kopf in die Richtung des anderen Lautsprechers (*head turn*) und geben damit zu erkennen, dass sie eine Veränderung bemerkt haben. Die Dauer ihrer Zuwendung zu einem der Lautsprecher lässt außerdem Rückschlüsse auf ihr Interesse zu. Man kann davon ausgehen, dass sie umso länger in die Richtung der Musik schauen, die in stärkerem Maße ihr Interesse erregt (Abb. 3.5).

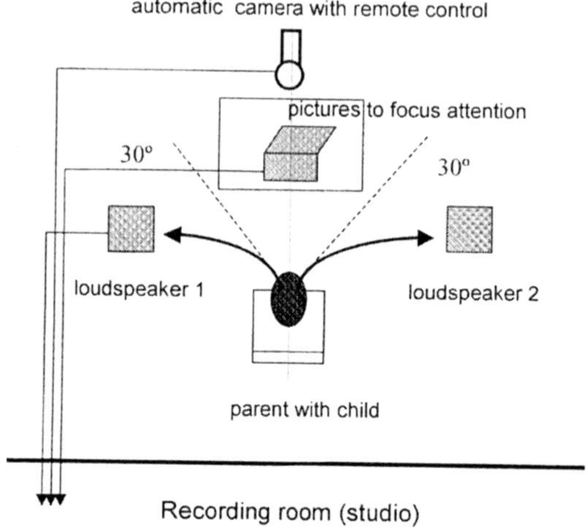

Abb. 3.5
Versuchsaufbau beim Head-Turn-Verfahren

Bei einem anderen Verfahren bekommen Säuglinge einen präparierten Schnuller, mit dem die Saugrate (*sucking rate*) gemessen werden kann. Wenn sie etwas Neues wahrnehmen, ändert sich spontan die Schnelligkeit ihres Saugens. Dies ist sogar zu bemerken, wenn sie auch nur halb wach sind oder leicht schlafen. Singt man sie mit einem Lied in den Schlaf und ändert plötzlich die Tonart oder den Takt, reagieren sie mit plötzlich schnellerem Saugen (Abb. 3.6).

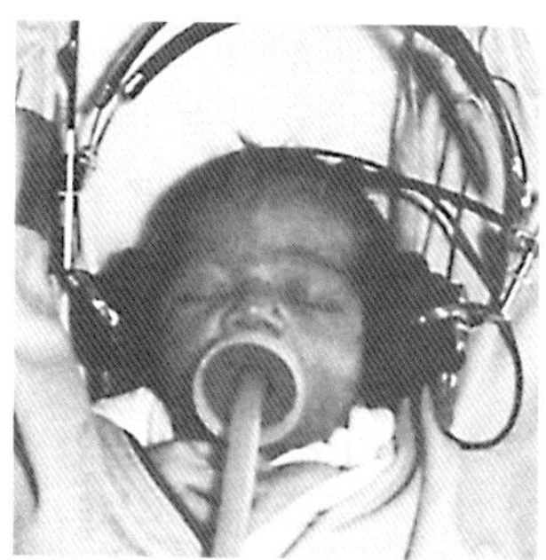

Abb. 3.6
Präparierter Sauger zum Aufzeichnen der Sauggeschwindigkeit. (Aus: Atkinson et al. 1993, S. 81)

Eine große Anzahl von empirischen Studien hat bei Säuglingen eine hohe Sensibilität für Änderungen im melodischen und rhythmisch metrischen Bereich nachweisen können.[46] So kann man feststellen, dass Säuglinge sich eher an absoluten Tonhöhen orientieren[47] und länger konsonanten als dissonanten Intervallen zuhören,[48] also verschiedene Klangqualitäten unterscheiden können, was aber noch nichts über ein Verständnis harmonischer Zusammenhänge aussagt, das erst sehr viel später einsetzt. Aber schon mit 6 bis 8 Monaten sind sie in der Lage, sich bei einer längeren Melodie an Zäsuren, einem Klangwechsel oder einer Wiederholung zu orientieren. Krumhansl und Jusczyk[49] haben kleinen Kindern Melodien vorgespielt, bei denen Pausen entweder am Ende einer Phase standen oder in deren Mitte erschienen. Sie fanden, dass die Kinder länger solchen Melodien zuhörten, bei denen die Pausen mit dem Ende einer Phrase zusammenfielen. Dies zeigt deutlich, dass Säuglinge bereits den Strom der Töne, die sie hören, in einer bestimmten Weise gruppieren und so eine Gliederung feststellen können.[50] Dasselbe gilt ebenso für das Anhören eines gesprochenen Texts.

Was die Wahrnehmung von Metrum und Rhythmus betrifft, kann man zeigen, dass Säuglinge lieber neue Rhythmen hören als deren bloße Wiederholung. Bereits mit 6 Monaten können sie rhythmische Veränderungen in der Musik einer anderen Kultur (z.B. in osteuropäischer Musik) erkennen, die andere Metren verwendet als die westeuropäische Musik, nämlich unregelmäßige Zusammensetzungen aus Zweier- und Dreiergruppen, woraus unregelmäßige Takte entstehen. Erst mit ungefähr 12 Monaten verhalten sich die Kinder wie Erwachsene: sie bevorzugen die Metren, die ihnen aus der eigenen Kultur am besten vertraut sind. Durch den Vorgang, den Soziologen als Akkulturation beschreiben und bei dem wir die Merkmale und Normen der uns umgebenden Kultur erwerben, weil wir ihnen viel länger ausgesetzt sind, entsteht eine Prägung auf die Formen der eigenen Kultur.[51] Säuglinge sind zu Beginn ihres Lebens aber noch ganz offen und durchaus in der Lage, alle möglichen metrischen Kombinationen zu unterscheiden.

Dasselbe geschieht beim Spracherwerb. Während ein Säugling zunächst die Laute aller möglichen Sprachen erprobt, verfestigen sich bei ihm vom 7. bis 12. Monat allmählich die Sprachlaute, die in der eigenen Muttersprache am häufigsten vorkommen. Aber schon das tägliche Hören einer ganz fremden Sprache (z.B. des chinesischen Dialekts Mandarin) bringt die ursprüngliche Differenzierungsfähigkeit bei unvertrauten Lauten der fremden Sprache wieder zurück.[52] So, wie für erwachsene Japaner l- und r-Laute gleich klingen, ist es für Europäer unmöglich, die verschiedenen i-Laute im Koreanischen hörend zu unterscheiden. Säuglinge haben diese Probleme dagegen noch nicht.

Eine andere Untersuchung von Säuglingen deckt deren erstaunliche Fähigkeit auf, bereits in ihrem ersten Lebensjahr Klangfarben zu verallgemeinern und sie zu kategorisieren, d.h. sie können den Klang eines Instruments wiedererkennen, auch wenn dieses Instrument verschiedene Melodien spielt. Sie können aber die Melodie nicht mehr wiedererkennen, wenn sie von verschiedenen Instrumenten gespielt wird.[53] Dasselbe trifft zu, wenn man eine Melodie um mehr als 3 Halbtöne transponiert. Auch dann erscheint sie kleinen Kindern als fremd und nicht mehr als dieselbe Melodie. Denn Kinder orientieren sich in diesem Alter noch an der absoluten Tonhelligkeit (Frequenz).

Wie sehr Säuglinge und auch noch Kleinkinder aber ganzheitlich mit allen Sinnen und vor allem mit dem ganzen Körper wahrnehmen,[54] hat ein eindrucksvoller Versuch gezeigt, bei dem Säuglinge zu einer neutralen Impulsfolge ohne Betonungen im Zweier- oder Dreier-Metrum (also als „Marsch" oder im „Walzer"-Rhythmus) geschaukelt wurden. Wenn ihnen danach Rhythmen mit klaren Marsch- oder Walzerbetonungen vorgespielt wurden, bevorzugten sie die rhythmische Form, in der sie zuvor über längere Zeit geschaukelt worden waren.[55] Der Körper hatte also die rhythmische Struktur eines akustisch gleichmäßigen Metrum gelernt. Und es gilt für alles Lernen im frühen Kindesalter, dass der Körper die sensorischen Erregungen an das Gehirn weiterleiten muss, damit sie dort als typische Erregungsmuster gespeichert werden. Darüber wird im 6. Kapitel näher einzugehen sein.

Wenn wir die musikalische Entwicklung im ersten Lebensjahr betrachten, müssen wir feststellen, dass kleine Kinder bereits große Potentiale in der Wahrnehmung besitzen und schon früh deutliche Präferenzen für alles Musikalische (pulsierende Rhythmen, Bewegungen, gesungene Vokalisationen) zeigen. Darüber hinaus gibt es Anzeichen, dass sie auch komplexe Musikstücke erinnern können, die sie regelmäßig gehört haben.[56] Ihr Gedächtnis betrifft dabei verschiedene Faktoren, darunter die absolute Tonhöhe und metrische Regelmäßigkeit. Auf Abweichungen davon reagieren sie sehr sensibel. Es ist für die weitere musikalische Entwicklung daher durchaus förderlich, wenn schon im ersten Jahr eine musikalische Umgebung geboten wird, die sich nicht durch das Bemühen auszeichnet, bestimmte kognitive Effekte zu verstärken, sondern die es ermöglicht, durch Singen, Sprechen und Bewegen vielfältige körperliche und sensorische Erlebnisse und Erfahrungen zu vermitteln, die im Gehirn dann die Erregungsmuster (Repräsentationen) erzeugen, die die Grundlage für alles spätere Lernen bilden.

Kapitel 4

Vom Singen und Sagen
Wie Kinder zu Sprache und Musik kommen

Die Sprache ist es, so meinen wir, die den Menschen gegenüber allen anderen Säugetieren auszeichnet. Denn „singen“ können auch einige Tiere, z. B. die Vögel, die wir deswegen Singvögel nennen. Auch Wölfe heulen durchaus melodiös, und Gibbons (kleine Menschenaffen aus Südostasien) haben spezifische „Gesänge“ entwickelt, so wie auch Wale „singen“. Aber sprechen lernt nur der Mensch.[57] Dabei ist es offensichtlich, wie eng Singen und Sagen in der Entwicklung unserer Kultur miteinander verbunden sind, stellt doch das Singen eines Rhapsoden, der früher die alten Mythen und Epen deklamierte, oder der Gesang im Kultus von Religionen und Zeremonien nichts anderes dar als ein stilisiertes, ästhetisch überhöhtes Sprechen. Verbindungen und Überschneidungen zwischen Singen und Sprechen sind im Opern-Rezitativ (Sprechgesang) wie in der Sprechmelodik der Alltagssprache unübersehbar. Tatsächlich hat die Hirnforschung gezeigt, dass die Sprache viele überlappende Areale mit dem Singen teilt, dass Sprechen und Singen gemeinsame neuronale Ressourcen nutzen.[58] Abb. 4.1 zeigt die beiden Verarbeitungsbögen syntaktischer Strukturen in Musik und Sprache im menschlichen Gehirn, die unschwer gemeinsam genutzte Areale erkennen lassen.

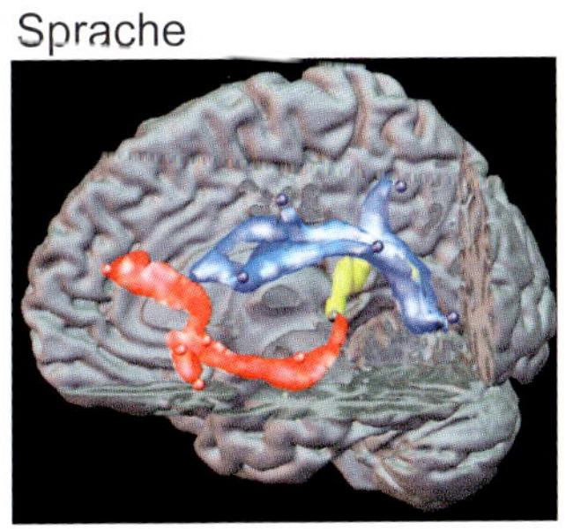

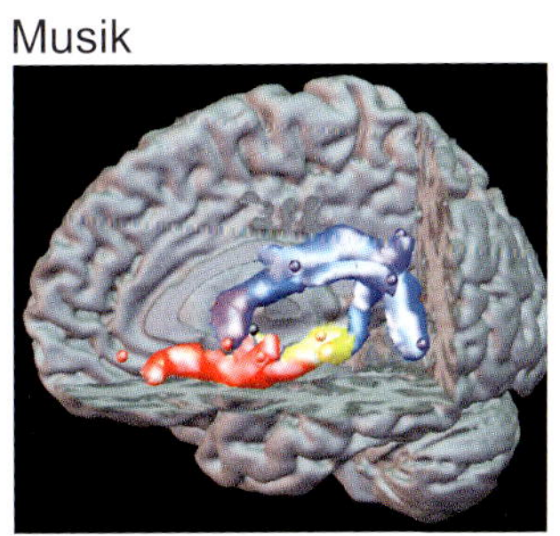

Abb. 4.1
Bei der syntaktischen Verarbeitung von Musik und von Sprache ist ein oberer (dorsaler) und ein unterer (ventraler) Verarbeitungsstrang zu unterscheiden. Dabei tritt die teilweise Überlappung beider Bögen deutlich in Erscheinung. (Musso et al., 2009, mit freundlicher Genehmigung)

Das Modell der *musilanguage*

Den Theorien darüber, ob Musik aus emotionalem Sprechen oder Sprache aus bedeutungsvollen musikalischen Gesten und Signalen entstanden sei (vgl. dazu auch Kapitel 1), hat Steven Brown sein Modell einer gemeinsamen Wurzel, aus der Musik wie Sprache, das Singen wie das Sagen hervorgegangen sind, gegenübergestellt.[59] Danach müsste man sich vorstellen, dass die evolutionären Vorläufer für das Singen wie für das Sprechen in einer gemeinsamen prototypischen Form expressiver und kommunikativer Vokalisation liegen, die Brown *musilanguage* nennt und somit als ein „Sprechsingen" wie beim Lallen in der frühkindlichen Entwicklung bezeichnet. (Abb. 4.2)

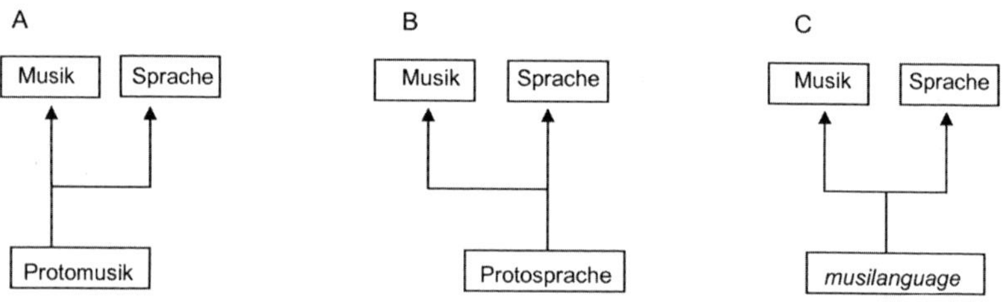

Abb. 4.2
Die Modelle A und B zeigen die Entwicklung von Musik und Sprache aus unterschiedlichen Prototypen, wobei sich entweder Musik aus der Sprache oder Sprache aus der Musik heraus entwickelt. Modell C nimmt für beide Entwicklungsstränge eine gemeinsame evolutionsgeschichtliche Wurzel an. (Nach Brown, 2000, S. 276)

Für die Annahme einer gemeinsamen Wurzel der vokalen Phonation in der evolutionären Stammesentwicklung sprechen neuronale Befunde der Hirnentwicklung wie die Beobachtung der Ontogenese des heranwachsenden Menschen. Doch bevor wir auf diese beiden Aspekte näher eingehen, wollen wir noch auf eine grundlegende Besonderheit in der Entwicklung des Sprechens und Singens hinweisen. Wir haben bereits erwähnt, dass auch im Tierreich artspezifische Rufe zur Kommunikation eingesetzt werden. Meist jedoch sind diese Tierrufe (Warnrufe, Lockrufe etc.) angeboren; nur in seltenen Fällen können sie über das Hören erlernt werden. Neben einzelnen Rufen gibt es auch die Möglichkeit, dass Tiere in einem

Rudel (z.B. Wölfe) dadurch zu einer gemeinsamen vokalen Interaktion gelangen, dass ein Tier beginnt und die anderen dann nacheinander einfallen, so dass es zu einer heterophonen Art von Mehr- oder Vielstimmigkeit kommt. Steven Brown hat bei dieser Form der durch vokale Kontakte ausgelösten Gleichzeitigkeit von *contageous heterophony* (ansteckende Vielstimmigkeit) gesprochen.[60] Von ihr sondern sich dann zwei Entwicklungslinien in der menschlichen Kommunikation ab. Dies kann (1) dazu führen, dass sich die einzelnen Teilnehmer auf eine gemeinsame Tonhöhe und eine gleichzeitige metrische Struktur einigen (*vertical integration*). Das erleben wir immer, wenn eine Gruppe von Menschen beginnt, ein Lied zu singen. Meistens werden sich die einzelnen Sänger schnell zu einem gemeinsamen Grundton finden und die Melodie im gleichen Takt und Tempo singen. Diese tonale und rhythmische Integrationsleistung erfolgt dabei allein über das Hören und erfordert nicht notwendig den Blickkontakt untereinander oder auf einen Dirigenten.

Man kann Krabbelkinder beobachten, wie sie abgewendet vom Gruppenleiter mit ihrem Fuß genau im Takt der Melodie oder des Rhythmus wippen, in dem dieser singt, ohne dass sie ihn sehen können. Die Bewegung wird dabei genau dem wahrgenommenen musikalischen Tempo angepasst.[61] Hier wird es ganz augenscheinlich, wie allein das Hörsystem die Information an die Bewegungssteuerung weiterleitet, so dass eine synchrone Bewegung möglich wird. Diese grundsätzliche Fähigkeit liegt dem vokalen Lernen (s. u.) zugrunde, das für das Erlernen von Musik und Sprache entscheidend ist.

(2) Die andere Entwicklungslinie führt zum zeitlichen Abwechseln (*horizontal alternation*), das besonders den Informationsaustausch in Rede und Gegenrede bestimmt, das aber auch bei Vogelrufen beobachtet werden kann (Abb. 4.3)

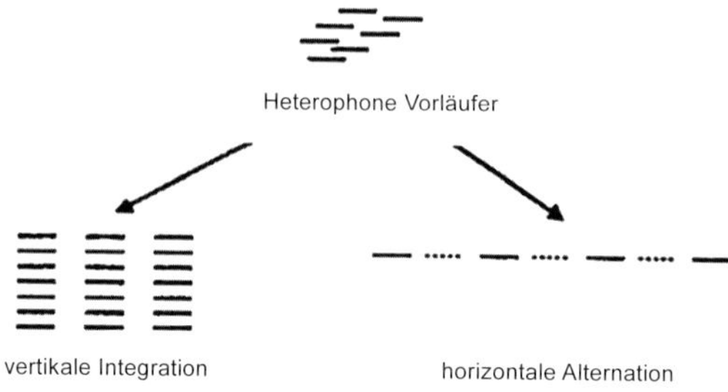

Abb. 4.3
Entwicklung der tonalen und rhythmischen Integration und der kommunikativen Alternation, die besonders für die Entwicklung von Sprache und Musik von Bedeutung sind. (Brown, 2007, S. 10)

Frühkindliche vokale Kommunikation

Wenn man Kinder in ihrem ersten Lebensjahr bis zum Spracherwerb beobachtet, wird man feststellen, dass die vokalen Lautäußerungen sich zunächst noch nicht eindeutig der Sprache oder dem Singen zuordnen lassen. Vielmehr bildet sich zuerst entsprechend der Wahrnehmung der eigenen Muttersprache, die in der Umgebung dominant ist, eine prototypische Phonation aus, von der zwar nicht zu sagen ist, ob sie näher an Sprache oder dichter am Singen ist, die aber eine lustvolle Erkundung der vokalen Möglichkeiten darstellt und erkennbar kommunikativ angelegt ist. Dies zeigt sich bei der stimmlichen Kontaktaufnahme, bei der emotionalen Einfärbung und dem affektiven Austausch wie bereits ebenso in der vokalen Interpunktion, d.h. der zeitlich strukturierten Gliederung im Hin und Her der einzelnen Lautäußerungen. In dem in Abb. 4.4 dargestellten Beispiel zeigt sich eine geradezu frappierende Regelmäßigkeit im kommunikativen Wechsel zwischen Mutter und Säugling.

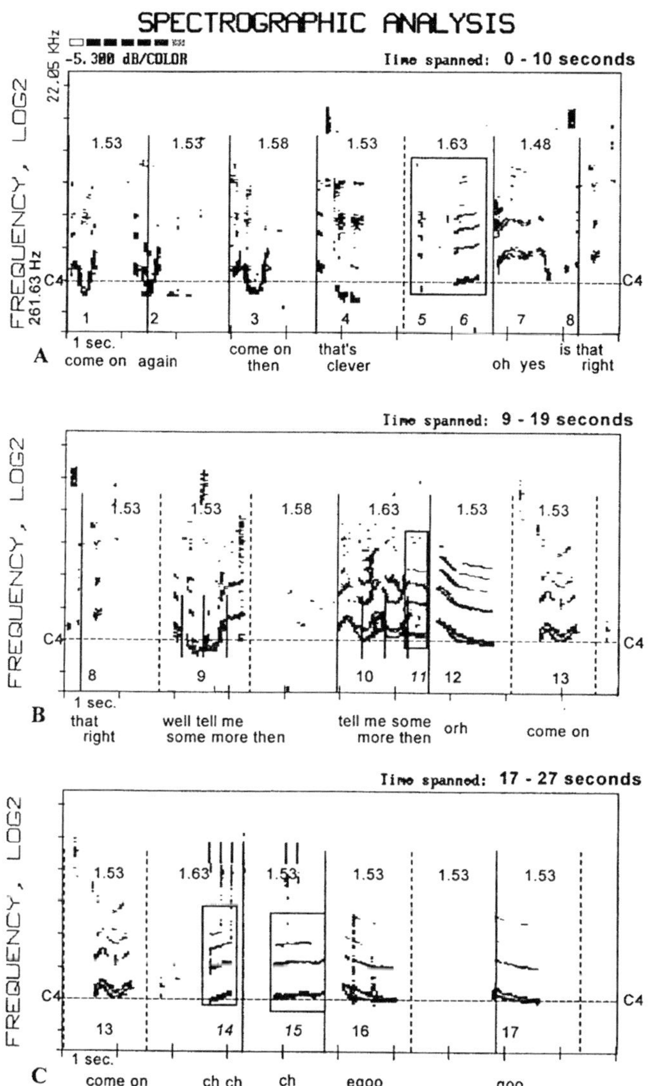

Abb. 4.4
Die spektrographische Aufzeichnung der Vokalisation eines 6-wöchigen Säuglings (eingerahmte Abschnitte) mit seiner Mutter lässt eine klare zeitliche Strukturierung erkennen, die einer metrisch fast regelmäßigen Taktierung von je 1,5 Sekunden nahekommt. (Aus: Malloch, 1999, S. 33)

Diese frühe Form der vokalen Kommunikation ist zwar non-verbal, sie verwendet aber durchaus gestische Typen sprachlicher Interaktion[62] und setzt alle die musikalischen Parameter ein, die von Sprache wie Musik gleichermaßen zur Modulation des Ausdrucks genutzt werden: Tonhöhe, melodische Kontur, Dauern, Rhythmus, Lautstärke, Tempo und Stimmfarbe. In der Mitte des ersten Lebensjahrs verliert sich allmählich die Fähigkeit, alle Laute vertrauter und fremder Sprachen, vertrauter und fremder Rhythmen unterscheiden zu können (siehe Kapitel 3), zugunsten der in der Umwelt vorherrschenden Klänge. Mit der Fähigkeit am Ende des ersten Jahres, erste Wörter sprechen zu können, entwickeln sich die bisher gemeinsamen Anforderungen in Sprache und Musik allmählich auseinander. Während für die Musik bzw. für das Singen die Unterscheidung und Produktion exakter Tonhöhen und die Integration in ein bestehendes Metrum immer wichtiger werden, muss sich in der Sprachentwicklung ein eigenes bedeutungstragendes Symbolsystem mit den dazu gehörigen syntaktischen Verknüpfungsregeln entwickeln, bei dem nicht mehr Tonhöhe und Metrum, sondern Semantik und Grammatik ausschlaggebend für das Funktionieren der sprachlichen Kommunikation werden.

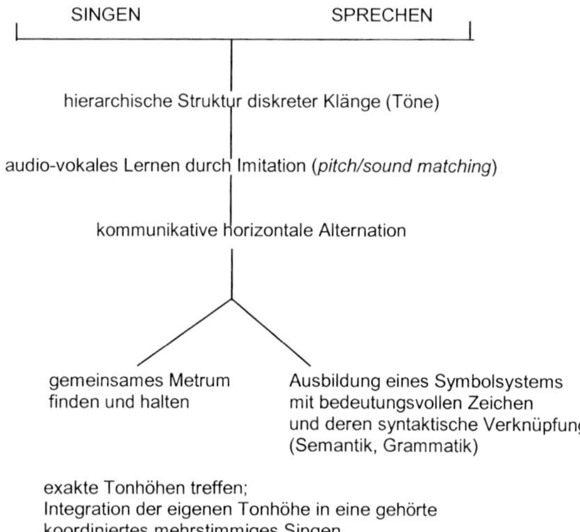

Abb. 4.5
Spezifische Anforderungen an die Sprech- und Singartikulation

Vokales Lernen

Dass der Erwerb des Sprechens und Singens schon so früh angelegt ist und lange vor einer systematischen Belehrung stattfindet, ist die eigentliche Besonderheit des frühen Lernens und bedarf der näheren Erklärung. Erwachsene lernen eine neue Sprache auf der Grundlage bereits vorhandenen Sprachwissens, d.h. sie beginnen meist mit Vokabeln und grammatischen Regeln. Immer müssen sie aber, wenn sie die Sprache richtig aussprechen wollen, auch den Klang der Sprache hören. Sie lernen die Aussprache über die Imitation des Sprachklangs. Aber auch die Struktur ganzer Sätze und die Zusammensetzung einzelner Redewendungen können sie behalten, wenn sie sie oft genug hören. Diese rein hörende Art des Lernens ist jedoch die einzige, über die kleine Kinder verfügen. Sie erlernen ihre Muttersprache und auch eine zweite Sprache so leicht und spielerisch, weil sie neue Eindrücke in ihrem sich erst ausreifenden neuronalen Netzwerk viel schneller und langfristiger speichern können.

Diese Fähigkeit, ausschließlich nach dem Gehör zu lernen, stellt eine besondere Anforderung und kindliche Leistung dar. Kinder sind in der Lage, Sätze zu sprechen und Lieder zu singen, die sie hören, weil wir Menschen – neben einigen Säugern (Walen, Delphinen, Seehunden) und Vögeln (Singvögel, Kolibris, Fledermäuse) – über einen neuronalen Mechanismus verfügen, der es uns ermöglicht, allein über das Hören Klänge zu imitieren und Tonhöhen genau zu reproduzieren. Die allermeisten Tiere können das nicht. Man kann mit seinem Hund noch so oft an einer Kuhwiese vorübergehen, er wird immer wieder die Kuh anbellen und die Kuh wird zurück muhen, aber nie als Antwort bellen. Sie ist dazu wie auch die meisten anderen Säugetiere und alle höheren Primaten trotz deren unbestreitbar vorhandener Intelligenz physiologisch nicht in der Lage. Man hat dies zunächst darauf zurückgeführt, dass dazu der Stimmapparat der Tiere nicht entsprechend ausgerüstet ist, dass sich nämlich der Kehlkopf senken muss, um einen größeren Artikulations- und Resonanzraum zu schaffen, der damit zugleich als Formantfilter dient. Man kann aber nachweisen, dass sich auch bei Tieren (z.B. beim röhrenden Hirsch oder bellenden Hund) deutlich der Kehlkopf senkt, was aber keine Auswirkungen auf deren Artikulationsfähigkeit hat.

Daher hat man angenommen, dass ein spezielles (Sprach)Gen den menschlichen Sprachinstinkt als genetische Anlage die Sprechfähigkeit des

Menschen ermöglicht.[63] Mit der Entdeckung eines Gens aus der Gruppe der Forkhead Box Proteine (FoxP2) schien ein solches Gen tatsächlich nachgewiesen zu sein, das einen Transkriptionsfaktor darstellt und der Regulation der Gen-Expression dient. In den Basalganglien, in denen Bewegungen moduliert werden und wo dieses Gen in großem Umfang hergestellt wird, bildet es ein Protein, das für die Motorik der Lautbildung notwendig ist und bei Abwesenheit zu Sprachstörungen führt.[64] Ein Gen der Forkhead Box Gruppe, das somit indirekt für das vokale Lernen zuständig ist, findet sich aber auch in vielen anderen Wirbeltieren und unterscheidet sich nur in wenigen Bausteinen vom menschlichen FoxP2-Gen.

Tiere, die zur artikulierten Rede nicht fähig sind, können aber durchaus sprachliche Äußerungen „verstehen", d.h. sie können lernen, einem Signal, z.B. dem Befehl „Sitz!" ein entsprechendes Verhalten zuzuordnen. Man spricht dann vom *auditorischen Lernen*, also einem Vorgang der Verknüpfung unterscheidbarer Laute mit einem erwünschten Verhalten. Das ist aber grundsätzlich verschieden von *vokalem Lernen*, bei dem vokale Strukturen erfasst, imitiert und dann auch selbständig hervorgebracht und neu kombiniert werden können.

Wir wissen heute, dass vokales, oder genauer *audio-vokales Lernen* auf einem Mechanismus beruht, der mit der Verschaltung der Hirnareale, in der die Hörinformation verarbeitet wird, mit den Arealen, die für die Steuerung der Bewegung des Kehlkopfs, der Stimmlippen und der Artikulationsorgane zuständig sind, zu tun hat. Hierfür besteht eine direkte Faserverbindung zwischen dem assoziativen auditorischen Cortex und den für die vokale Imitation zuständigen motorischen Bereichen. Vom primären motorischen Cortex findet dann eine direkte neuronale Projektion in den Nucleus Ambiguus, der die zentrale Kontrolle für die Phonation im Hirnstamm bildet.[65]

Man kann also feststellen, dass weder die periphere Anatomie der Lautbildung noch der Nachweis eines Gens, das die Bewegungsmodulation bei der Laufbildung reguliert, eine ausreichende Erklärung für die Besonderheiten beim Musik- und Spracherwerb des Menschen liefern. Vielmehr erlaubt erst die Unterdrückung des angeborenen Systems der Tierrufe eine Zunahme der corticalen Steuerung der Vokalisation mithilfe einer direkten neuronalen Verbindung zwischen auditorischer Verarbeitung und motorischer Reaktion diese spezifisch menschliche Leistung.[66]

Genau diese neuronale Verbindung ermöglicht es einem Kind, die gehörten Laute, also seine perzeptiv erhaltene akustische Wahrnehmung, in eine motorische Steuerung der Muskeln im Kehlkopf umzucodieren. Denn nur über das Hören des selbst hervorgebrachten Eigenklangs und dessen Vergleich mit dem gehörten Fremdklang wird eine so unglaublich feine Kehlkopfsteuerung ermöglicht, dass schließlich der gleiche Ton oder die gleiche Tonhöhe hervorgebracht werden kann.

Die Schaltstelle, in der auditorische und motorische Reize miteinander neuronal kommunizieren, liegt im Bereich des Thalamus und der Basalganglien. Die Integration auditorischer und motorischer Reize dürfte aber, wie oben dargestellt, bereits in tieferen Strukturen des Stammhirns erfolgen. Abb. 4.6 zeigt einen axialen Schnitt durch das Gehirn mit der Schleife (phonologische Schleife) zwischen corticalen Arealen der Hörverarbeitung, Basalganglien, Thalamus (Bewegungskoordination) und zurück zum motorischen Cortex.

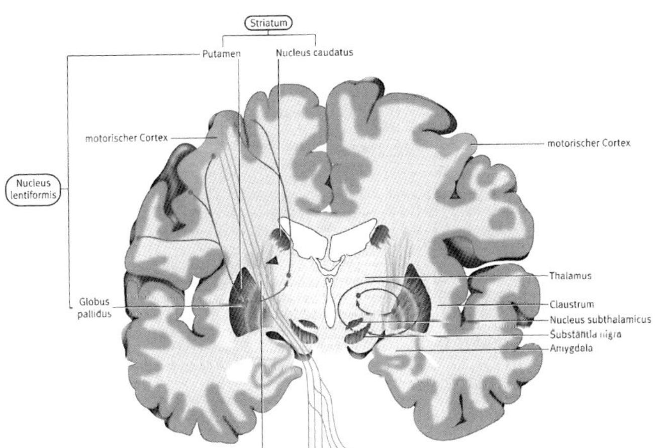

Abb. 4.6
Axialer Hirnschnitt mit der Schleife Cortex – Basalganglien – Thalamus – Cortex. (Aus: Gehirn&Geist, 10, 2006, S. 69)

Ist diese auditorisch-motorische Koppelung (*phonologische Schleife*) aus irgend einem Grund (meist infolge mangelnder Übung) gestört, kommt es zum Phänomen „falschen", d.h. unsauberen Singens. Diese Fehlentwicklung, die viele Musiklehrer beklagen, beruht jedoch oft nicht, wie eine Studie ergab,[67] auf einem Defekt richtigen Hörens, sondern auf einer Störung der Fähigkeit, die Hörinformation in das entsprechende Bewegungsprogramm der Artikulationsorgane zu übertragen, d.h. die auditorische Repräsentation der Tonhöhen nicht mit einer korrekten motorischen Repräsentation der Bewegungssteuerung im Kehlkopf zu verbinden. (Abb. 4.7)

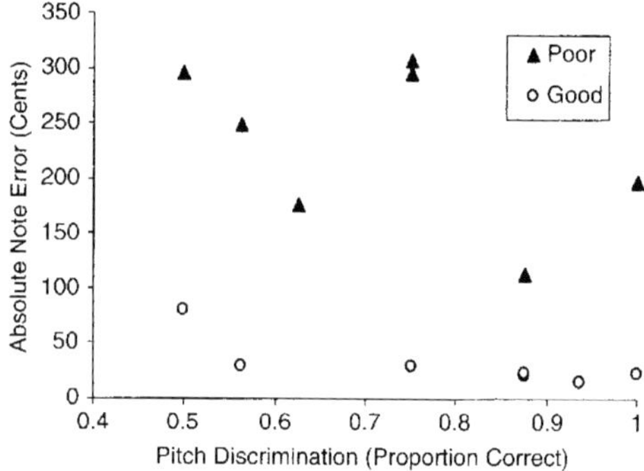

Abb. 4.7
Die Fehlerquote der *poor* und *good singers* zeigt eine gleichmäßige Verteilung in der Tonhöhenunterscheidungsfähigkeit (x-Achse), aber eine deutliche Abgrenzung in der absoluten Treffsicherheit der Tonhöhen (y-Achse). (Aus: Pfordresher & Brown, 2007, S. 111)

Anhand der hier beschriebenen evolutionsgeschichtlichen Untersuchungen bei Tieren und der vergleichenden Entwicklungsforschung kann heute hinsichtlich der Entstehung von Musik und Sprache, oder genauer: von Singen und Sprechen, gezeigt werden, dass bei beiden Formen vokaler Artikulation grundsätzlich die gleichen neuronalen Prozesse aktiviert werden. Wenn dies so ist, wird man folgern müssen, dass derjenige, der sprechen kann, zeigt, dass dieser Mechanismus grundsätzlich intakt ist und daher auch für das Singen zur Verfügung steht, dass also, wer sprechen kann, grundsätzlich auch singen kann. Wo dies nicht der Fall ist, liegt vermutlich an erster Stelle ein Defizit in der frühzeitigen und stetigen Übung der oben beschriebenen phonologischen Schleife vor. Kinder lernen nämlich nur dadurch präzise Tonhöhen hervorzubringen, dass sie ihre eigene Lautproduktion von Anfang an üben und dabei einem anderen (in der Regel einem Erwachsenen: dem Vater oder der Mutter) und sich selber zuhören, damit sie lernen können, die eigene Lautproduktion der gehörten anzupassen – oder neurobiologisch ausgedrückt: um die neuronale Integration von auditorischen Reizen und motorischen Reaktionen optimal zu entwickeln, muss die phonologische Schleife früh eingeübt werden. Notwendige Voraussetzung dafür ist die elementare Unterscheidungsfähigkeit zwischen ‚gleich' und ‚verschieden', mit der alles Lernen beginnt.[68] Über die Grundausstattung zum richtigen Singen verfügt jedes Kind; Fehlentwicklungen sind meist sozial vermittelt – oder wie es Donata Elschenbroich ausdrückt: „Nicht musikalisch zu sein ist erlernt."[69]

Kapitel 5

Musik wie eine Sprache lernen

Wenn die funktionalen Mechanismen, die beim Lernen von Sprache wie von Musik greifen, weitgehend dieselben sind (siehe Kap. 4), dann liegt die Folgerung nahe, Musik auch wie eine Sprache zu unterrichten. Das Singen lernt man so wie das Sprechen, nämlich nach dem Gehör, ohne Schrift und vor dem Wissen über grammatische Regeln. Kinder lernen Lesen und Schreiben, wenn sie schon längst sprechen und eigene Geschichten und ihre Gedanken in Worten ausdrücken können. Niemand käme auf die Idee, vor dem eigenen Sprechen mit dem Schreiben zu beginnen, was aber immer noch oft im Anfangsunterricht am Instrument geschieht (siehe dazu Kapitel 11). Hier wollen wir uns daran orientieren, wie Kinder das Sprechen erlernen, um diesen strukturellen Prozess dann auch auf Musik anzuwenden.

Die Idee einer musikalischen Bildung, die sich am alltäglichen Sprechen und nicht am Kunstwerk orientiert, geht auf Heinrich Jacoby (1889 – 1964) zurück. Schon in den 1920er Jahren hatte er immer wieder betont, dass das Ziel musikalischer Erziehung in der „Entwicklung der Ausdrucksfähigkeit im Sinne eines musikalischen Sprechvermögens“[70] liegen müsse und nicht in der Ausrichtung auf die Bewältigung kleiner Kompositionen.

> Ich verweise immer wieder auf das Beispiel der Muttersprache, weil es am deutlichsten zeigt, in welchem Sinne wir unsere ‚Kunst‘-Einstellung gegenüber der Musik revidieren müssen und wie irreführend es wirkt, wenn wir bei Fragen, die die *allgemeine Ausdrucksweise* betreffen, den Begriff ‚Kunst‘ verwenden. Wenn wir an Sprechen und Schreiben denken, denken wir doch zunächst auch nur an das allgemeine Äußerungs- und Verständigungsmittel und nicht an Literatur und Dichtung oder an dramatische Rezitation.[71]

Der Erwerb einer allgemeinen musikalischen Sprechfähigkeit erfolgt wie in der Sprache zuerst allein über das Hören. Daher kritisiert Jacoby scharf die Musikerziehung seiner Zeit:

> Während wir es aber bei der Muttersprache zunächst dem Milieu und den Anforderungen des täglichen Lebens, der Notwendigkeit einer Verständigung mit der Umwelt überlassen, für das ‚Erlernen' und das Zur-Verfügung-Haben des Ausdrucksmittels zu sorgen, lassen wir in der Musik unsere Kinder abrichten für das Nachplappern von Kunstschöpfungen aus einer Ausdruckswelt, deren Sprache sie weder im ‚Milieu' noch in den Anforderungen des täglichen Lebens kennenlernen konnten. Wollten wir [...] nur durch Vormachen von Mundbewegungen und Zungenstellungen und durch Benennen einzelner Buchstaben, kleine Kinder, bevor sie noch sagen können „Ich habe Hunger", zum Lesen oder Vorlesen eines Dramas bringen, – es wäre nicht unsinniger als das, was heute allgemein noch in der Musik-‚Erziehung' geschieht![72]

Die ersten, die das Muttersprachenprinzip dann methodisch umgesetzt und seit den 1950er Jahren international verbreitet haben, waren Zoltán Kodály (1882 – 1967) und Sinichi Suzuki (1898 – 1998). Während Kodály dabei aber vor allem inhaltlich ausgerichtet war und an die eigene Volksmusik als ein Äquivalent zur Muttersprache dachte, daher das Singen von ungarischen Volksliedern und den anspruchsvollen Chorgesang ins Zentrum seiner Arbeit an Schulen wie Musikschulen stellte und dazu methodisch die relative Solmisation (siehe Kapitel 9) verwendete, griff Suzuki eher das *Prinzip* muttersprachlichen Lernens auf, das von Anfang an schriftlos ist und nur über das wiederholte Hören erfolgt. Daher beginnt er den Unterricht schon früh mit kleinen Kindern, die im ersten Instrumentalunterricht ab drei Jahren viel hören und alles auswendig nach dem Gehör spielen und dabei noch ganz ohne musiktheoretische Kenntnisse auskommen. Allerdings wird dieser überzeugende Ansatz bei Suzuki jedoch dadurch wieder eingeschränkt, dass er in seiner Talentförderung weitgehend assoziationspsychologischen Ansätzen folgt, die auf das Einschleifen von Verhaltensweisen gerichtet sind. Daher führt er als häufiges Beispiel seiner Methode die Vogeldressur an.

Im Unterschied zu einem volksmusikalischen Verständnis von Muttersprache (Kodály) und zum Prinzip mechanisch wiederholter Übung (Suzuki)[73] wollen wir hier einen Weg aufzeigen, der einem sequentiell aufgebauten lerntheoretischen Konzept folgt (siehe dazu Kapitel 9), das sich im Prinzip an den Spracherwerb anlehnt. Dabei werden Hören, Imitation und Exploration intensiv genutzt, um so erkennen zu können, wann ein

Kind entwicklungspsychologisch bereit und in der Lage ist, einen neuen Lernschritt zu vollziehen. Dieser strukturelle Vorgang nimmt den beim Spracherwerb zu beobachtenden Lernprozess zum Vorbild und folgt ihm soweit möglich.

Sprache lernen

Schon vor der Geburt und erst recht danach hören Kinder Sprache. Eltern und Geschwister sprechen sie an und haben dabei meist zugleich Blick- und Körperkontakt. Das Kleinkind nimmt den Rhythmus der Sprachklänge wahr, die Kontur der an das Kind gerichteten Sprechmelodie und lernt allmählich verschiedene Vokale und Konsonanten zu unterscheiden. In der Lallphase erprobt es seinen Sprechapparat mit der Hervorbringung aller möglich Laute, bis sich allmählich diejenigen durchsetzen, die am häufigsten in seiner Umgebung vorkommen. Am Ende des ersten Lebensjahres beginnt das Kind, erste Wörter zu bilden, und fügt sie zu einfachen Zweiwortsätzen und zunehmend zu längeren Einheiten zusammen. Man kann also sagen, dass das Kind zuerst ein Hörrepertoire erwirbt, das dann in der explorativen Lallphase durch die eigene Lautproduktion gefestigt wird. Die individuelle Entwicklung mag dabei unterschiedlich schnell verlaufen; aber bis zum 3. Lebensjahr verfügen alle Kinder über eine Syntax, die es ihnen erlaubt, längere Sätze zu bilden. (Abb. 5.1)

Man kann sich leicht vorstellen, wie ein Kind in dieser Zeit ein immer dichteres Netz an Verbindungen von Lauten mit Gegenständen oder Personen, die es sieht, herstellt, und zwar ganz wörtlich müssen dabei Nervenverbindungen zwischen dem Hör-Cortex und dem Seh-Cortex wachsen. Wenn es dann allein das Wort (oder den entsprechenden Laut des Gegenstandes oder Tieres) ohne das dazugehörige Bild hört, wird automatisch die Verbindung zwischen Hören und innerem Bild aktiviert (Abb. 5.2). Auf diese Weise erwirbt das Kind die Bedeutung von Wörtern.

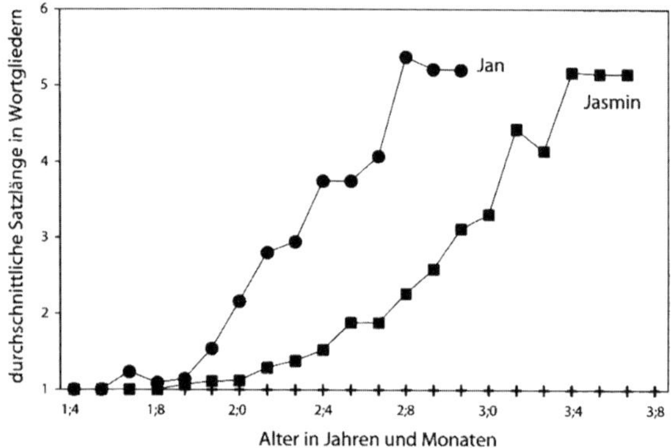

Abb. 5.1
Durchschnittliche Satzlänge im Laufe der ersten drei Jahre bei zwei verschiedenen Kindern. (Aus: Szagun, 2007, S. 79, mit freundlicher Erlaubnis des Beltz Verlags)

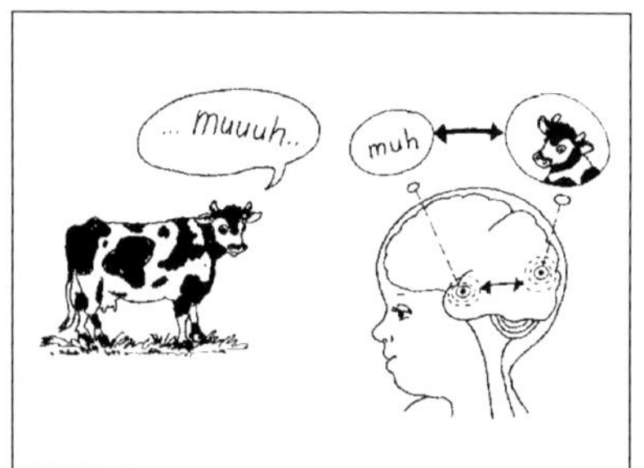

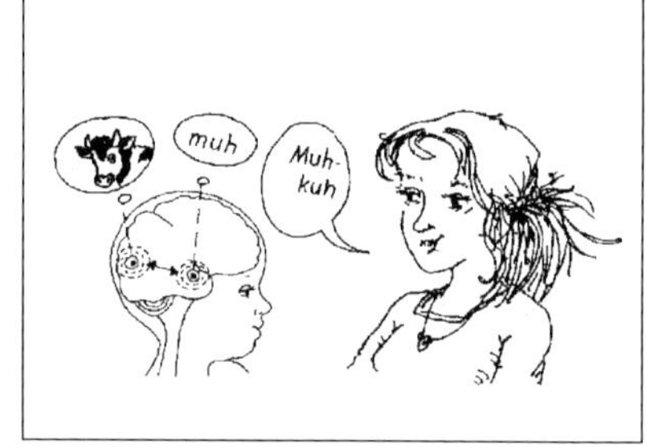

Abb. 5.2
Schematische Darstellung der Verknüpfung von Sprachklang und Bedeutung beim Kind. (Aus: Radigk, 2006, S. 67, 68, mit frfeundlicher Erlaubnis des Cornelsen Verlags Scriptor GmbH & Co. KG., Berlin)

Wenn Kinder lernen, Wörter auszusprechen, verdichtet sich das Netzwerk, weil dann zum Hören und Sehen noch die Bewegung der Sprechwerkzeuge hinzukommt. Hier greift die phonologische Schleife (vgl. Kapitel 4), durch die in einem Rückkoppelungsvorgang das Hören des Worts die Motorik der Artikulation stimuliert, bis das gesprochene Wort dem gehörten entspricht (Abb. 5.3).

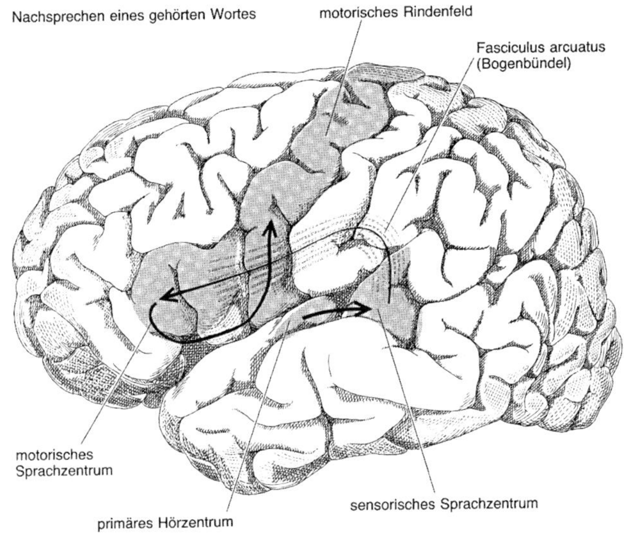

Abb. 5.3
Die neuronale Schleife beim Nachsprechen eines Wortes. (Aus: *Gehirn und Nervensystem*, 1988, S. 117)

Soweit lässt sich die Mechanik des Worterwerbs leicht nachvollziehen. Aber vollzieht sich der Aufbau der immer komplexer werdenden Syntax und Grammatik nach dem gleichen Prinzip der Nachahmung dessen, was das Kind hört? Dies geschieht ganz offensichtlich nicht, wie sich an typischen Fehlern, die Kinder machen, zeigen lässt. Wenn ein Kind sagt, es „gehte" in die Stadt, dann zeigt sich darin eine besondere kognitive Leistung des Gehirns. Denn von den Erwachsenen hat es die falsche Präteritum-Bildung sicher nicht gehört. Vielmehr bildet es die Vergangenheitsform in Analogie zu anderen Verben wie „machte", „sagte", „hörte". Mit der Bildung „gehte" leitet es eigenständig eine Regel über die Bildung des Präteritum ab, bei der es jedoch in diesem Fall lernen muss, dass hier eine andere Regel gilt. Das Gehirn speichert nicht Wörter und Sätze, die es einmal gehört hat (sonst könnte kein Kind eine neue Geschichte oder einen eigenen Traum erzählen, weil es die noch nicht von jemand anderem gehört hat), sondern es nutzt die vielen gehörten Beispiele, um daraus allgemeine Regeln abzuleiten (siehe dazu Näheres im Kapitel 6). Dazu erwerben sie die Muster im praktischen Umgang mit der Sprache.

Fehler sind dabei kreative Eigenleistungen, die zur Erweiterung der bereits angewandten oder zur Bildung neuer Regeln führen. Dieses Wissen um die Regeln der Sprache erweitert sich durch Gebrauch und kommt ganz ohne Erklärungen seitens der Erwachsenen aus, die nur die richtigen Muster liefern müssen. Das Kind erwirbt somit ein *prozedurales*, d. h. handelndes Wissen, aber noch kein *deklaratives*, d.h. begriffliches Wissen. Man hat diese beiden Formen des Wissenserwerbs auch als *implizit* (unbewusst, handelnd) und *explizit* (bewusst, erklärend) bezeichnet. Kleine Kinder erwerben ihr Wissen fast ausschließlich prozedural; erst im Schulalter wird dieses Wissen durch deklaratives Wissen ergänzt und vertieft. Daher lernt man Sprechen am besten im sozialen Kontext mit anderen, weil Sprechen ja immer Kommunikation einschließt. Die Voraussetzung dafür ist, dass man zuerst denken kann, was man sagen will, d.h. es müssen die Vorstellungen von den Dingen bereits vorhanden sein, bevor wir ihnen einen Namen geben, sie mit Wörtern bezeichnen können. Erst danach ist man bereit für die Schrift und die Grammatik.

Musik wie eine Sprache lernen

Musikalisches Lernen vollzieht sich auf die gleiche Weise. Auch hier beginnt die musikalische Akkulturation mit dem Hören und dem Erwerb eines Hörrepertoires. Dabei greifen Kompetenz und Performanz,[74] also die Wahrnehmungs- und Verarbeitungsfähigkeit und die Sprech- und Ausdrucksfähigkeit ineinander. Hören und Unterscheiden verlaufen gleichzeitig mit dem stimmlichen Erproben (Lallphase). Hier wie beim Spracherwerb spielt die Imitation eine wichtige Rolle. Das Kind ahmt die Laute, die es hört, nach. Aber das ist noch längst nicht alles. Vielmehr leitet das kindliche Gehirn aus den vielen gehörten und erprobten Lauten und aus der statistischen Häufigkeit ihres Auftretens implizit allgemeine Regeln ab, so dass es erkennt, wo z. B. Wortgrenzen liegen, weil Wörter kaum auf Explosivlaute (p, t, k) enden, dafür umso häufiger auf Klinger oder Reibelaute (-n, -ng, -ch). Kinder sind sehr effektive statistische Lerner.[75] In analoger Weise kann das kindliche Gehirn auch aus musikalischen Mustern, den Melodien und Rhythmen allgemeine Regeln ableiten, z. B. darüber, welchen Grundton es erwarten kann oder welche Töne in eine Melodie passen und welche nicht.

Auf diese Weise lernt schon das Kleinkind implizit bestimmte Prinzipien der Musik aus der Kultur, in der es aufwächst. Da aus dem Hörrepertoire strukturelle Regeln abgeleitet werden können, verlässt das Kind schon bald die reine Imitation, indem es nicht nur nachmacht, was es eben hört, sondern versucht, mit der Mutter mitzusingen, d.h. es vokalisiert gleichzeitig mit der Mutter, an deren Frequenzspektrum es sich anzupassen versucht, ohne genau auf die „richtige" Tonhöhe zu achten. Denn in den ersten Lebensmonaten orientieren sich Kinder an der allgemeinen Helligkeit des Klanges, noch nicht an einer fixierten Tonhöhe.[76]

Mit zunehmender Beherrschung ihres Stimmapparats beginnen Kinder, mit den Lauten, die sie hervorbringen können, zu spielen, d.h. sie kombinieren sie frei in immer neuen Serien, später singen sie vor sich hin und verwenden viele Floskeln und Teile aus Melodien, die sie schon kennen. Hier kann man mit Fug davon sprechen, dass sie „improvisieren", d. h. mit den Elementen von Melodien und Rhythmen frei umgehen, so wie sie das auch mit den Wörtern der Sprache tun. Weil sie bereits musikalische Muster und Grundformen in ihrem musikalisch erworbenen prozeduralen Wissen aufbewahren, können sie mehr als nur imitieren: sie entwickeln auf der Grundlage von zahlreichen gehörten und imitierten Formen die allgemeine Fähigkeit, Melodien denken und sich ausdenken zu können, mit Rhythmen in einem bestimmten Metrum zu spielen und sie weiterzuführen.

Dies kennzeichnet dann den Übergang von reiner Imitation zur „Audiation".[77] Mit dem Begriff der Audiation bezeichnet Edwin Gordon die Fähigkeit, musikalische Strukturen zu denken, so wie man die Dinge, die man sagen will, ebenfalls zuvor denken muss („audiation is to music what thought is to speech"[78]). Das erlaubt uns dann, bestimmte Erwartungen zu bilden und Verstöße gegen Normen der Grammatik zu erkennen. Wenn jemand einen Satz beginnt mit den Worten „Ich gehe jetzt …", dann erwartet jeder Hörer eine präpositionale Bestimmung des Ortes („…in die Stadt; … zum Rathaus; … an den Bahnhof" o. ä.). Die Fortsetzung „… dunkelblau" würde sofort als Regelverstoß erkannt. Dasselbe können wir bei kleinen Kindern beobachten, wenn sie selbständig den Grund- oder Schlusston einer Melodie singen oder schon früher durch ihr Verhalten (Kopfbewegung, Saugrate, siehe Kapitel 3) zu erkennen geben, dass sie eine unerwartete Änderung wahrgenommen haben.

Audiation bezeichnet also die Aktivierung zuvor erworbener Muster (mentaler Repräsentationen, siehe dazu im nächsten Kapitel), die beim Hören und Singen erregt werden. Entweder passen die Klänge zu dem erworbenen Repertoire, dann sprechen wir von der Möglichkeit der *Assimiliation*; oder sie passen nicht, was dazu führt, dass die Muster den neuen Bedingungen angepasst werden müssen und diese damit eine Erweiterung erfahren. In der Lernpsychologie spricht man von *Akkommodation.* Mit Hilfe von Audiation geben Kinder den gehörten Klängen eine musikimmanente Bedeutung (z.B. als Grundton oder Zweiermetrum). Es versteht sich, dass dies natürlich nicht explizit passiert, sondern sich im Vollzug, im eigenen musikalischen Tun zeigt. Audiation übersteigt also Imitation und ist das Ziel frühen musikalischen Lernens.

Die Voraussetzung dazu ist, dass Kinder von Anbeginn an zwischen „gleich" und „verschieden" unterscheiden. Das geschieht schon beim Neugeborenen, das die Stimme der Mutter als „gleich", aber die einer anderen weiblichen Person als „fremd" erkennt. Alles, was wir erkennen, setzen wir in Beziehung zu etwas anderem. Wir erkennen, was etwas ist (Gleichheit), indem wir erkennen, was es nicht ist (Verschiedenheit). Dies sind die elementaren Pole des Erkennens, von denen auch das frühkindliche Lernen ausgehen muss. Wenn Kinder beim audio-vokalen Lernen eine Tonhöhe richtig nachsingen, müssen sie ja auch den selbst produzierten Ton mit dem gehörten vergleichen und so lange ihre Stimmbandspannung ändern, bis der gesungene Ton der gleiche ist wie der gehörte bzw. in der Vorstellung intendierte. Bei allem, was wir als Eltern und Erzieher in musikalischer Hinsicht tun, müssen wir daher dem Kind die Möglichkeit geben zu erkennen, was gleich und was verschieden ist (siehe dazu Kapitel 7).

Kapitel 6

Neurobiologische Grundlagen des Musiklernens

In jüngster Zeit wird viel vom *brain based learning* und von Neurodidaktik gesprochen.[79] Damit möchte man sich der harten Fakten und sicheren empirischen Befunde aus der Hirnforschung für die Pädagogik versichern und erhofft sich Handlungsanweisungen für hirngerechtes Lehren und Lernen. Auch die Musikpädagogik hat sich diesem Trend gegenüber aufgeschlossen gezeigt.[80] Oft wurde damit die Hoffnung verbunden, Erkenntnisse aus der Hirnforschung unmittelbar in die Unterrichtspraxis übertragen zu können. Darum kann es aber nicht gehen; empirische Forschung kann nicht ohne weiteres in praktisches Handeln übersetzt werden. Dennoch hat die Hirnforschung ihren Platz in der musikpädagogischen Forschung, weil sie über Strukturen und Mechanismen des Lernens aufklärt, deren Kenntnis dann von Pädagogen didaktisch umgesetzt werden muss. In diesem Kapitel wollen wir zunächst die neurobiologischen Grundlagen des Lernens darstellen und danach prüfen, inwieweit sie für pädagogisches Handeln relevant werden können.

Neurobiologische Grundlagen

1. *Entwicklung der neuronalen Architektur*

Jede menschliche Tätigkeit hinterlässt Spuren im menschlichen Gehirn, weil die dabei aktiven Nervenzellen und Zellverbände Erregungsmuster erzeugen, die schnell wieder vergehen, wenn sie nicht immer wieder angeregt werden, d.h. wenn die Tätigkeit nicht immer wieder wiederholt wird. Darin liegt der Sinn instrumentalen Übens, das dazu dient, dass sich die dabei geübten Bewegungsmuster einschleifen und feste Erregungsmuster bilden. Die Grundlage dafür bieten neuronale Verbindungen. Die einzelnen Nervenzellen in der Großhirnrinde stehen in einem unvorstellbar dichten Netz mit anderen Nervenzellen in Verbindung. Man geht davon aus, dass jede einzelne Nervenzelle durch ca. 10.000 Verbindungen, sog. Axonen und Dendriten, mit anderen Nervenzellen verbunden ist, mit denen sie bei der Bewältigung spezifischer Aufgaben kommuniziert. An den Axonen einer Zelle können Dendriten einer anderen Zelle über Synapsen als Übertragungsbrücken andocken, wodurch Informationen an die Zelle übertragen werden. Miteinander verbundene Zellen feuern in synchronen Impulsraten. (Abb. 6.1)

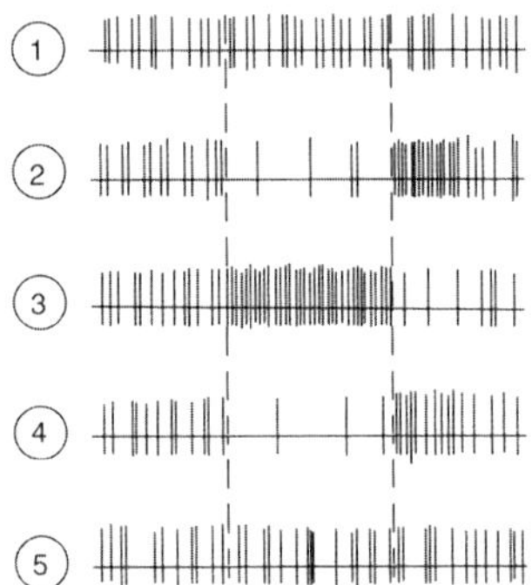

Abb. 6.1
Synchronizität der Feuerungsrate einzelner Nervenimpulse auf einen Lichtreiz an verschiedenen Orten (1 – 5). Zellen an den Orten 2 und 4 sowie 1 und 5 verlaufen im markierten Abschnitt synchron. (Aus: Dudel et al., 1996, S.401)

Nervenzellen nutzen die zeitliche Organisation der Oszillation, um Zusammengehörigkeit auszudrücken.[81] Die Synchronisation der oszellierenden Nervenaktivität bildet den Ausgangspunkt für die Kooperation von Zellen und Zellensembles und damit die Grundlage für alle kognitiven Verarbeitungsprozesse. In den so miteinander verbundenen und miteinander kommunizierenden Zellen sind die jeweiligen Erregungsmuster repräsentiert. Wir sprechen dabei auch von mentalen Repräsentationen. Je häufiger miteinander verbundene Nervenzellen gleichzeitig aktiv werden, desto stärker wird ihre synaptische Verbindung.[82]
Manfred Spitzer hat diesen Sachverhalt mit einem sehr einfachen Beispiel anschaulich gemacht. Wenn man sich vorstellt, dass auf einer winterlich mit Schnee bedeckten Fläche ein Markt stattfindet, werden sich nach ein paar Stunden kreuz und quer einzelne Spuren der Besucher im Schnee finden. Aber schon nach ein paar Tagen sind aus den einzelnen Fußabdrücken feste Pfade geworden, die zu den am häufigsten besuchten Stellen führen. (Abb. 6.2)

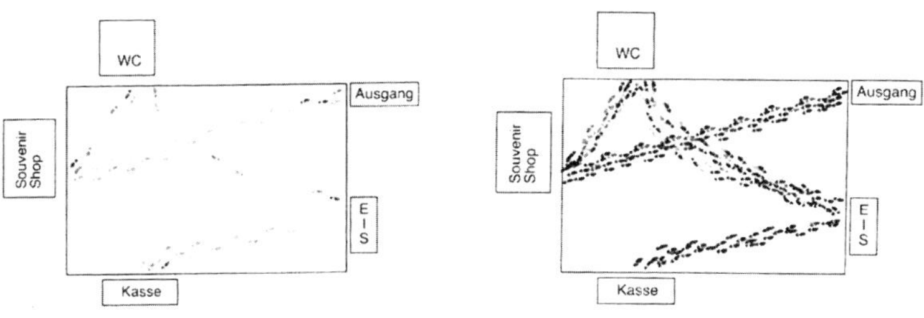

Abb. 6.2
Spuren und Pfade im Schnee. (Aus: Spitzer, 2008, S. 29, 30)

Man sagt: Wege entstehen durch das Gehen, und das gilt im übertragenen Sinn auch für neuronale Prozesse. Werden bestimmte Erregungsmuster besonders häufig durch entsprechende Aktivitäten erzeugt, verändert sich ihre synaptische Verbindung und verstärkt sich ihre Übertragungskapazität. Wenn Lernen sich aus einer solchen Änderung der neuronalen Spuren ergibt, kann man auch sagen, dass Lernen immer aus einer Änderung der synaptischen Übertragung resultiert und somit zu einem Auf- und Ausbau mentaler Repräsentationen führt.

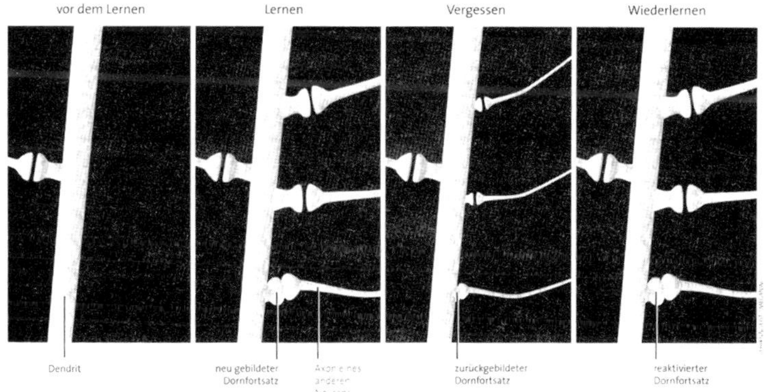

Abb. 6.3
Schematische Darstellung von verschiedenen mentalen Zuständen. Beim neuen Lernen wachsen am Dendriten neue Dornfortsätze, an denen Dornen von Axonen zur Informationsübertragung andocken können (Synapsenbildung). Bei vermindertem Gebrauch dieser Verbindungen bilden sie sich zurück, was sich im Vergessen ausdrückt. Wird schließlich etwas erneut wiederholt, können zurückgebildete Synapsen wieder reaktiviert werden. (Aus: Gehirn&Geist 1-2, 2010, S. 22)

Die Entwicklung des Aufbaus des neuronalen Netzwerks vollzieht sich über das Lebensalter so, dass in der Kindheit, wenn das Gehirn sich noch in der Ausreifungsphase befindet, die höchste Synapsendichte und damit das größte Potential vorhanden ist, neue Verbindungen aufzubauen. Dies bedeutet, dass das Gehirn je nach den Anforderungen der Umwelt ganz unterschiedliche Spezialisierungen ausbilden und im Rahmen der genetischen Disposition die entsprechenden Begabungen zur Geltung bringen kann. Der Höhepunkt der extensiven Synapsenbildung liegt um das dritte bis vierte Lebensjahr. Die enorme Formbarkeit und Anpassungsfähigkeit an die Bedingungen der Umwelt bezeichnet man auch als zerebrale bzw. neuronale Plastizität.

Hinsichtlich des zeitlichen Entwicklungsverlaufs muss man zwei Typen neuronaler Plastizität unterscheiden, die *erfahrungserwartende* und die *erfahrungsabhängige* Plastizität.[83] Der erste Typus der *erfahrungserwartenden* Plastizität stellt einen evolutionär alten Mechanismus dar, der zunächst eine gesteuerte Überproduktion von Synapsen mit anschließender Synapsenreduktion bewirkt, die zur Stabilisierung und Stärkung der verbleibenden, d.h. tatsächlich gebrauchten Synapsen führt. Auf diesen Typus beziehen sich die sensiblen Phasen, in denen ein bestimmtes Reizangebot erfolgen muss, damit sich die entsprechenden Verbindungen überhaupt bilden können. So bleiben neugeborene Kätzchen blind, wenn sie in den ersten Lebenswochen keine visuellen Reize erhalten (z.B. wenn man ihnen die Augen verklebt), weil sich dann die Neuronen in der Sehrinde nicht mit den Nervenleitungen aus dem Auge verbinden können. Ähnliches geschieht bei Entenküken, die nur innerhalb der ersten 24 Stunden nach dem Schlüpfen auf den artspezifischen Ruf der Henne geprägt werden können.[84] Umgekehrt treten Lern- und Verhaltensstörungen auf, wenn es nicht zu der Synapsenreduktion kommt.[85] Der zweite Typ der *erfahrungsabhängigen* Plastizität betrifft einen Mechanismus, der bei der neuen Synapsenbildung greift und zur Speicherung von individuell bedeutsamer Information dient. Hier konnte gezeigt werden, dass Rattenbabys in einem mit verschiedenen Spielzeugen angereicherten Käfig um bis zu 20% mehr Synapsen bildeten als solche in reizarmen Käfigen.[86]

Mit drei bis dreieinhalb Jahren wird dann in vielen Hirnarealen, insbesondere im Stirnhirn der Gipfel der Synapsendichte erreicht, die dann mit der Pubertät allmählich wieder abnimmt, um sich schließlich auf dem Reifeniveau der Erwachsenen zu stabilisieren. So ergibt sich ein entwicklungspsychologisch typischer, umgekehrt u-förmiger Entwicklungsverlauf. (Abb. 6.4)

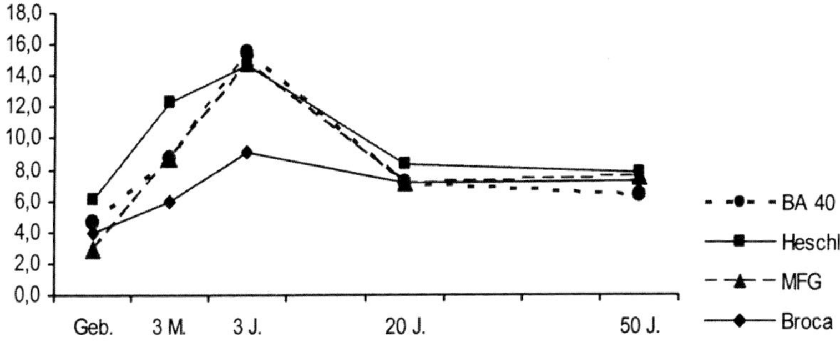

Abb. 6.4
Die Entwicklung der synaptischen Dichte in verschiedenen Hirnarealen nach Angaben bei Huttenlocher, 1994.
BA 40 = Brodmann Areal 40, das für das Lesen hinsichtlich der Bedeutung und der Phonologie zuständig ist; Heschl = Heschl Gyrus, die Windung, die den primären auditorischen Cortex enthält; MFG = midfrontal gyrus, der eine große Region des Stirnhirn umfasst und wichtig ist für die Aufmerksamkeitsfokussierung und das Arbeitsgedächtnis; Broca = Sprachzentrum.

2. *Emotionale Verstärkung*

Nun muss man sich allerdings davor hüten, Lernen allein auf die Synapsenbildung und Synapsendichte zurückzuführen. Dieser physiologische Vorgang soll hier nur andeuten, wie sich die Architektur im Gehirn als Folge von und Grundlage für Lernen verändert. Wichtiger erscheint im Hinblick auf frühes Lernen der Hinweis darauf, wie stark sich einzelne Erfahrungsweisen vernetzen und dann zu entsprechenden gleichzeitigen Aktivierungen (Ko-Aktivierungen) führen können. Dann genügt es, eine neuronale Repräsentation zu erregen, um damit das ganze Netz zu aktivieren. In einem Versuch mit Hühnerküken, bei dem es darum ging herauszufinden, ob die artspezifischen Tierlaute angeboren sind und dies erst eine Prägung auf die Henne ermöglicht, zeigte sich, dass es den Tieren, wenn ihnen wenige Tage vor dem Schlüpfen der Schnabel verklebt worden war, unmöglich war, dem Ruf der Henne zu folgen, was aber ohne weiteres gelang, wenn sie bis zum Schlüpfen auch ihr eigenes Piepen hören konnten.[87] Man nimmt an, dass die Küken das emotionale Gefühl der Geborgenheit in der Ei-Schale fest mit dem akustischen Signal des eigenen Lauts verbunden hatten, so dass sie nach dem Schlüpfen dorthin liefen, wo der Ruf der Henne genau dieses Gefühl der Geborgenheit hervorrief. Das akustische Signal hatte das gesamte Erfahrungsnetz vor dem Schlüpfen aktiviert (vgl. dazu Abb. 2.1).

Dieses Beispiel macht zugleich die große Bedeutung der emotionalen Verstärkung im Lernvorgang deutlich. Die Koppelung einer akustischen Erfahrung (im Tierversuch: das artspezifische Piepen und Gackern) mit einer dabei erlebten Befindlichkeit (im Tierversuch: Geborgenheit) kann eine lebenslange Prägung erzeugen, die dann auch spätere Haltungen und Einstellungen beeinflusst. Dies betrifft dann auch die Musik, d.h. die Stile und Musikarten, mit denen das Kleinkind in Berührung kommt. Die dabei erlebten emotionalen Erfahrungen bestimmen die spätere Haltung gegenüber dieser Musik. Der Schüler, der mit seinem ersten Geigenunterricht nur die Erinnerung an quietschende Töne, dauernde Korrekturen des Lehrers und Misserfolge verbindet, wird kaum zum Liebhaber von klassischer Kammermusik werden können.

Lernen von neuen Dingen hat auch immer damit zu tun, dass man sich neuen Anforderungen stellen und dabei auftretende Schwierigkeiten bewältigen muss, dass man üben und trainieren und längerfristig an einer Sache bleiben muss. All dies ist mit Anstrengung verbunden, für die es dann der schönste Lohn ist, wenn sie mit Erfolg gekrönt wird. Nichts anderes tut das Gehirn, das ein körpereigenes (endokrines) Belohnungssystem in Gang setzt, wenn ein Ergebnis gut oder besser als erwartet ausfällt. Denn dann wird der nucleus accumbens im Limbischen System aktiviert, und es kommt zu einer Ausschüttung von Neuropeptiden im Frontalhirn, die eine opioide Wirkung entfalten (dopaminerges Belohnungssystem). Dies führt zu einer motivationalen und erlebnismäßigen Verstärkung. Die Freisetzung des durch das Dopaminsignal ausgelösten Belohnungssystems beeinflusst die Informationsverarbeitung und führt dazu, dass die so erworbenen Lerninhalte mit größerer Wahrscheinlichkeit längerfristig gespeichert werden. Gelernt wird also eher bei positiven Erfahrungen, wie Pädagogen wissen. Dopaminmangel führt dagegen zu vermindertem Interesse und Lustlosigkeit.[88]

3. *Das Zusammenspiel von Gehirn, Körper und Umgebung (Milieu)*

Wenn sich aus neurobiologischer Sicht der Vorgang des Lernens auf die Bildung mentaler Repräsentationen bezieht und dabei endokrine hormonelle Vorgänge die Speicherung der Ergebnisse begünstigen, müssen wir uns fragen, wie solche mentalen Repräsentationen in der Großhirnrinde (Cortex) entstehen. Dazu müssen wir uns vergegenwärtigen, dass das Gehirn kein isoliertes Denkorgan zur Informationsverarbeitung darstellt, sondern vielmehr ein *Sozialorgan*[89] ist, das sich im wechselseitigen Austausch mit der sozialen Umgebung und dem eigenen Körper nutzungsabhängig entwickelt. Alle körperlichen Aktivitäten, wenn wir z.B. den Arm heben oder springen, führen über die Rückmeldung der afferenten Nervenbahnen zu Erregungsmustern im Gehirn. Diese ermöglichen die Wahrnehmung der Stellung und Bewegung des eigenen Körpers (Propriozeption) und veranlassen dann über die efferenten Nervenbahnen deren Steuerung. Insofern steht das Gehirn in unmittelbarem Austausch mit den eigenen Körperfunktionen. Dies ergibt sich schon aus der evolutionären Entstehung des Gehirns, das sich in Schichten um den ältesten Teil, das Stammhirn, das alle zentralen Lebensfunktionen des Organismus unterhalb des Bewusstseins steuert, über das Limbische System, das vorbewusste Bewertungen und emotionale Einfärbungen vornimmt, bis hin zum bewussten Wahrnehmungs- und Planungszentrum in der Großhirnrinde gebildet hat. Der Eingangskanal in das Großhirn führt aber immer durch die sensorischen Erregungen des Körpers über das Stammhirn gewissermaßen aufwärts bis zum Großhirn (Abb. 6.5).

Ebenso wichtig wird als zweite Bedingung für die Entwicklung des Gehirns, dass es in eine günstige Umgebung eingebettet ist. Zutreffend spricht Gerald Hüther hier von den Bedingungen des jeweiligen „Betriebsklimas“ (oder „Milieus“), das diesen Prozess fördert und oft überhaupt erst ermöglicht. Wir wissen heute, dass es nicht die Gene allein sind, die sich egoistisch im „Kampf ums Überleben“ behaupten, sondern dass die Gene sich kooperativ auf die Bedingungen der Umwelt einstellen.[90] So reifen Zellkulturen in der Petrischale nicht automatisch gemäß ihrem genetischen Programm, sondern nur dann, wenn sie ein entsprechendes Milieu (z.B. eine bestimmte Temperatur, die notwendige Nährlösung etc.) vorfinden. In ähnlicher Weise braucht auch der Mensch neben den alltäglichen Anforderungen und stimulierenden Aufgaben zusätzlich soziale Kontakte, das

Gefühl von Geborgenheit und Sicherheit, Unterstützung und Anerkennung, damit sich das Gehirn in einer für das individuelle Leben sinnvollen Form entwickeln kann.

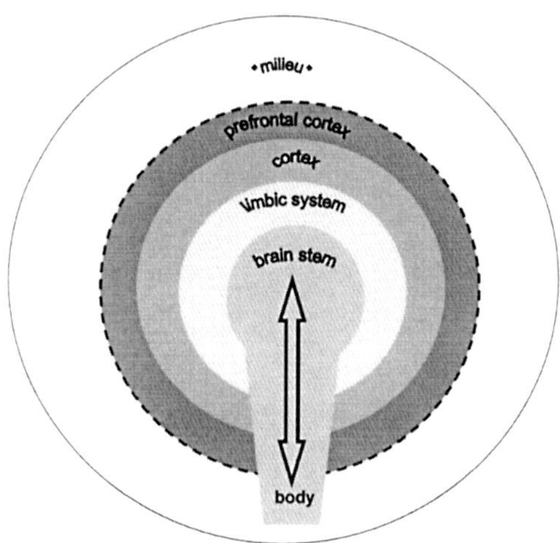

Abb. 6.5
Schematischer Aufbau des Gehirns, dessen Funktionen bestimmt werden von den Erfahrungen des Körpers und dem Milieu des umgebenden „Betriebsklimas". (Mit freundlicher Genehmigung von G. Hüther)

Neurobiologie des Musiklernens

Vor dem Hintergrund der biologischen Funktion der neuronalen Architektur des Gehirns wollen wir Lernen daher nicht mehr nur mit Gedächtnis gleichsetzen und am geänderten Verhalten festmachen. Beides sind wichtige Eigenschaften, die mit dem Lernen zusammenhängen und das Lernen begleiten, die es aber noch nicht zureichend erklären. Im neurobiologischen Sinne wollen wir daher Lernen wie folgt definieren:

1. Definition:
Lernen bewirkt eine Änderung der synaptischen Übertragung als Folge einer Anpassung an die Anforderungen der Umwelt. Dies führt dazu, dass sich neuronale Strukturen in einzelnen Hirnarealen strukturell und funktional verändern, was als neuronale Plastizität bezeichnet wird.

Daraus ergeben sich Folgerungen für die pädagogische und didaktische Umsetzung, die im Folgenden in Grundzügen angedeutet werden sollen.

Das kindliche Gehirn ist auf Lernen ausgerichtet und braucht Aufgaben und Herausforderungen, um die neuronalen Netzwerke, die es später in seinem Leben braucht, aufbauen und modifizieren zu können. Dazu braucht das Gehirn

1. Erfahrungen mit dem eigenen Körper,
2. neue Aufgaben und Beispiele, die für das Individuum bedeutsam sind,
3. lösbare Aufgaben und
4. Zeit und Phasen der Ruhe.

(1) Nicht abstrakte Begriffe gelangen in die Großhirnrinde und werden dort als Repräsentation gespeichert, sondern erst und nur *körperliche Erfahrungen* führen zu mentalen Repräsentationen. Erst der Sprung auf eine gedachte Eins in einen Reifen oder das gleichmäßige Gehen erzeugen Repräsentationen für rhythmische und metrische Erscheinungen: den Auftakt oder das regelmäßig pulsierende Metrum. Die begriffliche Bestimmung: „Der Auftakt ist ein unvollständiger Takt und ergibt zusammen mit dem Schlusstakt einen vollständigen Takt" kann das Phänomen ‹Auftakt› nicht vermitteln,[91] und dies schon gar nicht bei kleinen Kindern, die aber schon mit wenig mehr als zwei Jahren in der Lage sind, einen solchen auftaktigen Sprung auszuführen. Sinnvoll ist es also, erst dem repräsentierten musikalischen Phänomen einen Namen zu geben. Der Weg dahin führt notwendig über den körperlichen Vollzug, weil alleine dadurch ein neuronales Erregungsmuster (d.h. eine mentale Repräsentation) hervorgerufen werden kann. Es gilt daher für alle musikalischen Erscheinungen, dass die körperliche Erfahrung vor dem Begriff stehen muss.

(2) Damit der Hippocampus neue Informationen langfristig speichern kann, müssen sie *neu* und für den einzelnen *bedeutsam* sein. Jeder hat schon einmal die Erfahrung gemacht, dass man sich ein Datum, das für einen besonders wichtig ist (z.B. erste Teilnahme an einem Wettbewerb oder ein besonders guter Erfolg im Sport) besser gemerkt wird als andere alltägliche Ereignisse. Schon bei Säuglingen konnten wir zeigen, dass sie am Eintritt neuer Ereignisse mehr interessiert sind als an der Wiederholung bekannter Melodien oder Rhythmen (siehe Kapitel 3).

(3) Das Gehirn ist immer tätig mit der Verarbeitung eingehender Reize. Ständig ist es dabei, neue Verbindungen aufzubauen und Übertragungswege zu verstärken. Dazu braucht es neue *Aufgaben*, die eine *lösbare Herausforderung* darstellen. So kann der menschliche Geist herumprobieren und Lösungswege finden, die dann als Bestätigung motivierend wirken. Nichts motiviert ein Kind besser zum Lernen, als wenn es feststellt, dass es etwas gelernt hat.

(4) Aber zu der Anregung müssen auch *Phasen der Ruhe* und des versonnenen Nichtstuns kommen, in denen die neuen Informationen sich konsolidieren können. Dazu dient in besonderem Maße auch der Schlaf, in dem die hippocampale Aktivität die zuvor gemachten Erfahrungen restrukturiert und dadurch festigt.[92]

Eine weitere Besonderheit der Verarbeitung und Informationsspeicherung gilt es im Hinblick auf das Lernen zu bedenken. Man vergleicht gelegentlich das Gehirn mit einer Festplatte eines Computers, auf der alle Informationen gespeichert werden. Das ist aber ganz unzutreffend. Denn wenn man schon den informationstechnologischen Vergleich aufrechterhalten möchte, müsste man sagen, dass das Gehirn am ehesten dem Betriebssystem zu vergleichen ist, das es erst ermöglicht, dass Informationen verarbeitet und gespeichert werden können. Wir würden unser Gehirn unsinnigerweise überfordern, wenn wir erwarteten, dass es sich alle Einzelereignisse – die wichtigen wie die ganz unwichtigen – merken könnte oder müsste. Wenn wir uns beispielsweise eine bekannte Person vorstellen, sehen wir innerlich nicht alle die unzähligen Bilder, die wir von dieser Person in unterschiedlicher Kleidung und in verschiedenen Situationen, Haltungen und Stimmungen haben, sondern wir vergegenwärtigen uns diese Person als abstraktes Phänomen, das alle Einzelerscheinungen übersteigt.

Genauso verhält es sich mit musikalischer Vergegenwärtigung. Die Vorstellung eines bestimmten Akkords besteht nicht aus der Erinnerung an viele verschiedene Zusammenhänge, in denen wir dem Akkord schon einmal begegnet sind, sondern wir rufen uns den Typus des Akkords ins Bewusstsein, losgelöst von einer bestimmten klanglichen Realisation. Dies wird möglich, weil das Gehirn nicht Ereignisse speichert, sondern aus vielen einzelnen Ereignissen allgemeine Strukturen und Regeln ableitet. Das Gehirn kann geradezu als eine Regel-Generierungsmaschine vorgestellt werden. Das ist in der Sprache, in der wir grammatische Regeln beim Sprechen anwenden, also „wissen", obwohl wir sie nicht explizit benennen können, nicht anders als in der Musik, wenn wir bei einer Melodie, die wir bisher noch nicht gehört haben, dennoch die funktionalen Harmonien empfinden oder hören, ohne vielleicht den korrekten Namen (z. B. Mollsubdominate, verminderter Septakkord) nennen zu können.

Ein besonders instruktives Beispiel für die mentale Modulierung von Repräsentationen, die den Übergang von einer einfachen „bildhaften" Abbildung z.B. des jeweiligen Griffs eines Akkordes zu einer abstrakten, d.h. von realer klanglicher Ausführung unabhängigen Vorstellung führt, liefert die Musikpädagogin Jeanne Bamberger, die den langsamen Lernprozess eines 7-jährigen Jungen beschreibt.[93] Hier geht es darum, dass ein Schüler eine bekannte Melodie mit Montessori-Glocken[94] so aufstellt, dass er für jeden Ton eine neue Glocke nimmt und die Melodie dann spielen kann, indem er den Glocken folgt (Abb.6.6 A). Er gerät aber in Schwierigkeiten, wenn jede Glocke nur noch einmal vorhanden ist und er für einen Ton, wenn er ein zweites Mal erscheint, zu der ersten Glocke, die bereits in der Melodie steht, zurückkehren muss (Abb. 6.6 B). Schließlich gelingt es ihm, die Melodie sogar dann spielen zu können, wenn die einzelnen Glocken so angeordnet sind, wie sie in der Tonleiter stehen (Abb. 6.6 C)

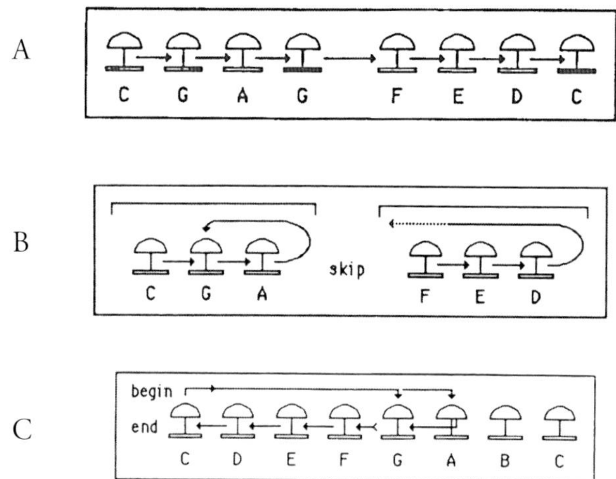

Abb. 6.6
Die Aufstellung der Glocken zur Darstellung des Liedes „Twinkle, twinkle little star". Beispiel B zeigt die Ausgangssituation, in der der Schüler für jeden neuen Ton der Melodie eine eigene Glocke zur Verfügung hat. In Beispiel B ist jede Glocke nur einmal vorhanden, so dass die vorhandene Glocke je nach Bedarf mehrfach verwendet werden muss. Erst in Beispiel C ist der Schüler in der Lage, diese Melodie – und dann auch andere Melodien – zu spielen, wenn die Glocken in der Ordnung der Tonleiter stehen. (Aus: Bamberger, 1991, S. 186, 209, 236. Mit freundlicher Genehmigung von Jeanne Bamberger)

Hier wird offenkundig, wie sich während des Experimentierens und Hantierens mit den Glocken allmählich die innere Vorstellung (oder Repräsentation) im Bewusstsein des Kindes verändert. Zu Beginn (A) stehen die Glocken genau so, wie die Töne in der Melodie aufeinander folgen. Die „Vorstellung" der Glocken ist daher abbildend (Bamberger nennt sie daher *figural*), weil sie den Spielverlauf abbildet. Danach setzt eine Übergangsphase ein (B), in der erkannt werden muss, dass jede Glocke nicht nur eine Funktion in der Melodie, sondern eine davon unabhängige, feste Tonhöhe als unveränderliche Eigenschaft besitzt. Dies macht es dann möglich, die Glocken in der Melodie unterschiedlich einzusetzen. Ist dieser kognitive Schritt vollzogen, kann die Melodie auch dann gespielt werden, wenn ihre Aufstellung nicht mehr die Melodie abbildet, sondern die abstrakte Struktur der Tonleiter zeigt, die es zudem erlaubt, dann auch alle

Melodien zu spielen, die diese Tonleiter als Tonmaterial verlangen (C). Die *figurale* Vorstellung ist zu einer *formalen*[95] geworden. Die mentale Repräsentation ist neuronal vom Erregungsmuster eines Einzelfalls zur allgemeinen Struktur oder Regel umcodiert worden.[96] Damit können wir die erste Definition mit einer zweiten erweitern:

2. Definition:
Neurobiologisch bedeutet Lernen den Auf- und Ausbau mentaler (zerebraler) Repräsentationen. Im Zuge der Verinnerlichung (Automatisierung) von Spielabläufen und musikalischen Vorstellungen kommt es zu einer Umcodierung auf einer hirnphysiologisch tieferen, subcorticalen Ebene. Kognitionspsychologisch kann man diesen Vorgang auch als Übergang von einer *figuralen* zu einer *formalen* Repräsentation beschreiben.

Zusammengenommen machen beide Bestimmungsversuche deutlich, dass das Ziel musikalischen Lernens immer und auf jeder Stufe auf die Bildung mentaler Repräsentationen gerichtet sein sollte, es vorrangig also um die Erzeugung konkret musikalischer Repräsentationen gehen muss, die erst danach im Begriff und im Zeichen abstrakt codiert werden können (vgl. dazu Kapitel 9).

In einer Untersuchung mit verschiedenen Formen des musikalischen Lernens wurden die neuronalen Erregungsmuster mit Hilfe einer EEG-Ableitung gemessen. Zwei unterschiedliche Lerngruppen (L1 und L2) standen dabei einer Kontrollgruppe gegenüber. Dabei zeigte es sich, dass sich die Aktivierungsmuster tatsächlich je nach der Art des Lernens veränderten. Die Art des Unterrichts und das Lernen wirken sich also unmittelbar auf die Hirnaktivität aus. Bei deklarativem Lernen ohne praktisches Handeln zeigt sich eine völlig andere Erregungsverteilung als bei prozeduralem Lernen, bei dem sich der Lernvorgang auf praktisches Musizieren stützte und darauf vertraute, dass das Gehirn die Regeln und Strukturen nach einer bestimmten Zeit übenden Umgangs selber hervorbringt. Vor dem Lernen, also noch ohne methodische Kenntnisse und vorhandenes Wissen ist die neuronale Aktivierung viel stärker (intensivere Rotfärbung) als nach dem Lernen. Das bereits erworbene Wissen führt zu einer Reduktion der

Hirnaktivierung. Aber die Erregungsmuster unterscheiden sich in beiden Gruppen deutlich hinsichtlich der Verteilung und Lage der Aktivierungszentren. Darüber hinaus ergab die Untersuchung, dass die gelernten Inhalte nach dem prozeduralen Lernen (Erregungsmuster L2) später nachhaltiger verfügbar blieben.[97] (Abb. 6.7) Eine Vergleichsstudie zeigte demgegenüber, dass konzentriertes Kurzzeit-Lernen keine Abnahme der Aktivierung nach dem Lernen erbrachte, sondern im Gegenteil zu einer deutlichen Zunahme der Hirnaktivierung führte.[98]

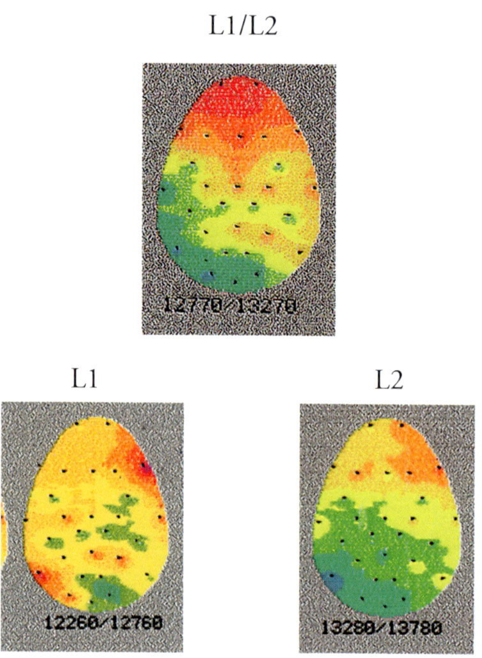

Abb. 6.7
EEG-Ableitungen bei zwei unterschiedlichen Lernergruppen, deklarativen Lernern (L1) und prozeduralen Lernern (L2) vor (obere Reihe) und nach dem Lernen (untere Reihe). Die Punkte markieren die Position der Elektroden, die gelben, orangen und roten Färbungen zeigen den Grad der Aktivierung an. Insgesamt ist die Aktivierung nach dem Lernen geringer. Die Hirnbilder der beiden Lerngruppen unterscheiden sich nach dem Lernen deutlich hinsichtlich der Verteilung und Lage der Aktivierungszentren. (Mit freundlicher Genehmigung von E. Altenmüller)

Erkenntnisse aus der Hirnforschung können, wie diese Beispiele zeigen, durchaus für die Pädagogik von Belang sein, wenn auch nicht in dem Sinne, dass sie methodische Anweisungen gibt oder neurodidaktische Lernkonzepte entwickelt, sondern dadurch, dass man das Organ, das zum Lernen eingesetzt wird, in seiner Arbeitsweise besser versteht und daraus Folgerungen in Bezug auf die eigene Einstellung zum Lernen zieht. Die Neurobiologie kann zeigen, welche Mechanismen dem Prozess des Lernens zugrunde liegen.

Kapitel 7

Der Aufbau des musikalischen Denkens I
Lerntheoretische Ansätze

1. *Was sind Lerntheorien?*

Die folgenden drei Kapitel widmen sich dem sequentiellen Aufbau des musikalischen Denkens. Dabei soll es zunächst um die Darstellung einiger Grundlagen aus der Lerntheorie gehen, soweit sie für den hier vertretenen lernpsychologischen Ansatz von Bedeutung sind und ein vertieftes Verständnis der musikalischen Lernvorgänge vorbereiten. Bei Lerntheorien handelt es sich um teils empirisch gewonnene, teils auf beobachteter Erfahrung beruhende Modelle, die wichtige Mechanismen innerhalb eines Lernvorgangs praktisch verdeutlichen und theoretisch erklären.[99]

Noch zu Beginn des 20. Jahrhunderts standen sich hinsichtlich der Erklärung der Lernvorgänge zwei psychologische Richtungen gegenüber: der *Behaviorismus* und der *Kognitivismus* (kognitive Psychologie). Die Behavioristen gingen davon aus, dass man menschliche Kognition, also Vorgänge des Denkens, Wahrnehmens und Lernens selbst nicht unmittelbar beobachten, sondern nur aus dem Verhalten erschließen könne. Der Mensch erscheint dabei als eine *black box*, in die man nicht hineinschauen kann. Aber man kann beobachten, welche Wirkung (Reaktion) ein bestimmter Reiz hervorruft.

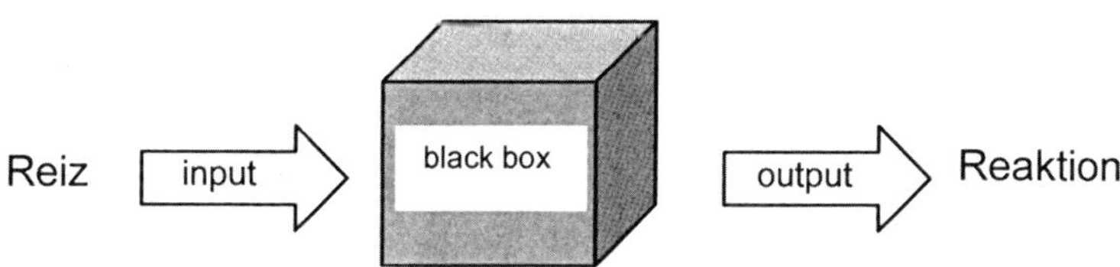

Abb. 7.1
Schematische Darstellung der behavioristischen Vorstellung über die „black box", deren innere Vorgänge nur aus Reiz und Reaktion erschlossen werden können.

Lernen ergibt sich dabei aus einer Folge von Reizen und Reaktionen (Reiz-Reaktions-Schema). Um ein gewünschtes Verhalten zu erzielen, muss man nur die richtigen Reize einsetzen. Das bekannteste Beispiel dafür ist der Pawlowsche Hund,[100] bei dem man mit einem Glockenton (anstelle eines Stücks Fleisch) den Speichelfluss anregen konnte. Lernen wird im Behaviorismus also als erfolgreiche Verhaltensänderung angesehen. Dabei geht es um die Konditionierung eines bestimmten erwünschten Verhaltens wie bei der Tierdressur.

Demgegenüber versuchten die Kognitivisten, kognitive Modelle für die internen Vorgänge beim Denken, Wahrnehmen und Empfinden zu entwickeln. Aus der russischen Schule war der Psychologe Lev Vygotskij (1896 – 1934) hervorgegangen, der neue Wege zur Erklärung von Denken und Sprechen gegangen war und damit für die Rezeption in Amerika sehr wichtig geworden ist.[101] Er stellte der oral artikulierten Rede das Denken als ein inneres, lautloses Sprechen gegenüber und entwickelte daraus das Konzept einer an Objekten orientierten Denk-Aktivität (Aktivitätstheorie), die für Gordons Konzept der „Audiation" (siehe unten und Kapitel 8) wichtig wurde.

Der Genfer Kinderpsychologe Jean Piaget (1896 – 1980), der viele Experimente zur Entwicklung der Intelligenz bei Kindern in der Genfer Kinderklinik durchführte, hat mit seinen Arbeiten großen Einfluss auf die kognitive Wende in der Psychologie genommen.[102] Er ging von einer biologisch determinierten Stufenfolge der Entwicklung des Denkens aus, die jedes Kind durchläuft und die sich Stufe um Stufe aufbaut. Beginnend mit der senso-motorischen Intelligenz des Säuglings entwirft er danach vier Stufen im Aufbau der Intelligenz vom vorbegrifflichen Denken über die innere Anschauung als Denkform bis zu den konkreten und abstrakten (Piaget sagt: formalen) Denkprozessen oder Denkhandlungen (Operationen).

Jean Piaget
Psychologie der Intelligenzentwicklung

Stufe der senso-motorischen Intelligenz

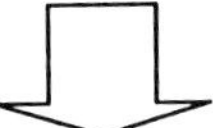

Vier Etappen des Aufbaus gedanklicher Operationen

- symbolisches, vorbegriffliches Denken
- anschauliches Denken
- konkrete Operationen
- formale Operationen

Abb. 7.2
Übersicht über die Intelligenzentwicklung nach Piaget

Das Neue und Besondere daran ist, dass Piaget keinen prinzipiellen Unterschied mehr zwischen Denken und Handeln macht; Denken geht aus dem Handeln, bzw. aus der Vorform der senso-motorischen Intelligenz hervor. Aus diesem Grund ist er für die Lerntheorie des Kognitivismus in Europa von entscheidender Bedeutung geworden. Allerdings bleibt er in seiner Erkenntnistheorie noch stark einem gleichsam genetisch determinierten Biologismus verhaftet (genetische Epistemologie). In dieser Hinsicht ist sein Schüler Hans Aebli (1923 – 1990) über Piaget hinausgegangen. Aebli folgt Piaget insoweit, als auch er das Denken aus dem Handeln hervorgehen sieht und Denken als eine spezifische Form des (inneren) Handelns versteht; aber er erkennt als treibende entwicklungspsychologische Kraft den Austausch mit der Umwelt. Daher greift er die Impulse der kognitiven Psychologie, insbesondere der Handlungsforschung aus Amerika auf und entwickelt seine kognitive Handlungstheorie als Grundlage für das Lernen und Lehren.[103]

Die kognitive Lerntheorie in Amerika geht im Wesentlichen auf Jérôme Bruner (* 1915) zurück. Er hat wesentliche Einsichten zur Entwicklung des begrifflichen Denkens und des Spracherwerbs beigetragen. Dabei geht er über Noam Chomskys (* 1928) Vorstellung eines angeborenen Spracherwerbsystems und der Annahme einer universellen Grammatik hinaus, indem er die Interaktion mit der Mutter und der Umwelt stärker betont und dabei drei Arten der inneren Repräsentation unterscheidet: die enaktive, die ikonische und die symbolische Repräsentation.[104] Damit entwirft er noch keine didaktische Stufen- oder Rangfolge, sondern möchte, dass die Lerninhalte auf dreifache Art dargeboten werden, damit sie als Handlungen angeeignet (enaktive Repräsentation), als Bilder verinnerlicht (ikonische Repräsentation) oder nach Regeln und Gesetzen formuliert werden können (symbolische Repräsentation).

Noch stärker der Denktradition des Behaviorismus ist der amerikanische Psychologe und Pädagoge Robert Gagné (1916 – 2002) verhaftet, der vom Signallernen, vom Reiz-Reaktions-Lernen und von Assoziationsketten ausgeht und Lernformen, Vorgänge und Fertigkeiten systematisch unterscheidet.[105] Als neue Kategorie zur Abgrenzung der Lernformen führt er eine Bestimmung nach der Funktion der Lernarten ein, indem er „grundlegende Lernformen“ von „intellektuellen Fertigkeiten“ abhebt.[106]

Die hier erwähnten Lerntheorien beziehen sich ganz allgemein auf alle Lernvorgänge. Der erste, der daraus eine eigenständige Lerntheorie für das Musiklernen entwickelte, war Edwin Gordon (* 1927).[107] In seiner „Psychologie des Musikunterrichts“ (1971)[108] bezieht er sich explizit auf Gagné, von dem er die Bestimmung einzelner Lernarten (*verbal association; discrimination learning; principle learning*) aufgreift, sie aber nach seinem Verständnis musikalischen Lernens umdeutet. Die ersten vier grundlegenden Lernarten Gagnés, die dieser als grundsätzlich perzeptiv (*basically perceptual*) beschreibt, ordnet Gordon dem „rote learning“ – also dem praktisch handelnden Lernen nach dem Gehör – zu und sieht darin das Wesen des Unterscheidungslernens (*discrimination learning*). Die „intellektuellen Fertigkeiten“ Gagnés, die das Wesen des den output bestimmenden konzeptionellen Lernens (*conceptual learning*) ausmachen, wird dann bei Gordon zum selbstorganisierten inferentiellen Lernen.

Gagné (1965)	Gagné (1980)	Gordon (1971)	Gordon (1980)
	I Grundlegende Lernarten		
1. Signallernen	Signallernen	"perceptual"	Typ
2. Reiz-Reaktions-Lernen	R.-R.-Lernen	den input betreffend	*Discrimination*
3. Kettenbildung	Kettenbildung		*Learning*
4. sprachl. Assoziation	sprachl. Assoziation		
	II Arten von Leistungsfähigkeiten		
	1. Intellektuelle Fertigkeiten		
5. multiple Diskrimination	multiple Diskrimination	"conceptual"	Typ
6. Begriffslernen	Begriffslernen	den output betreffend	*Inference*
7. Regellernen	Regellernen		*Learning*
	2. Kognitive Strategien		
8. Problemlösen	Problemlösen		
	3. verbale Information		
	4. motorische Fertigkeiten		
	5. Einstellungen		

Abb. 7.3
Schematische Gegenüberstellung zur Beeinflussung Gordons durch Gagné.

Gordons *Music Learning Theory* geht also ursprünglich von der behavioristisch eingewurzelten Lerntheorie Gagnés aus, die er dann aber weiterführt und umdeutet. Den behavioristischen Ansatz Gagnés erweitert er zu einer kognitiven Theorie, indem er als Erklärungsmodell der inneren Vorgänge das Phänomen der Audiation als eine Form des inneren musikalischen Denkens einführt. Damit steht er zugleich in der Nachfolge Vygotskijs und seiner Unterscheidung von äußerem (oralen) und innerem Sprechen. In Fortführung der Gagnéschen Systematik führt er – wie oben dargestellt – schon früh die beiden grundsätzlichen Lernarten des Unterscheidungslernens (*discrimination learning*) und des Eigenlernens (*inference learning*) als konstitutiv für seine Lerntheorie ein.

2. *Gordons Lerntheorie*

Gordons Konzept einer eigenständigen *Music Learning Theory* muss, wie im vorigen Abschnitt dargestellt, im Kontext kognitiver und behavioristischer Theorien gesehen werden. Einige der zentralen Aspekte von Gordons Lerntheorie, die unsere Sicht auf das musikalische Lernen verändern können, sollen daher ausführlicher beschrieben werden.

Ausgangspunkt seiner Theorie ist ein spezifischer Begabungsbegriff, der auch empirisch abgesichert ist.[109] Nach diesem Verständnis bezeichnet Begabung das Potential zu lernen und ist somit von Leistung zu unterscheiden, die das Ergebnis dessen ist, was bereits gelernt oder an Wissen und Können erworben ist. Dieses Potential lässt sich neurobiologisch u. a. anhand der synaptischen Dichte aufzeigen (siehe Kapitel 6). Vor diesem Hintergrund kann man feststellen, dass jeder Mensch ein bestimmtes Potential mitbringt, was nicht besagt, dass jeder Mensch gleich musikalisch ist, sondern dass jeder Mensch über das Potential verfügt, die im Rahmen seiner genetischen Möglichkeiten vorhandene Musikalität zu entwickeln. Dieses Potential ist – wie gezeigt wurde – am größten in den ersten Lebensjahren nach der Geburt und kann diese Höhe – gemessen an der synaptischen Dichte – nie mehr übersteigen (siehe Abb. 6.4). Denn in der synaptischen Verschaltung liegt die Voraussetzung dafür, dass neuronale Netze und musikalische Repräsentationen aufgebaut und durch stetige Übung und Anwendung erhalten oder sogar verstärkt werden können. Bleibt die fortwährende Nutzung aus, geht auch das Potential zurück (siehe Abb. 6.3). Eine angemessene musikalische Lernumgebung mit täglicher Übung der erworbenen Fähigkeiten kann diesen Prozess zwar nicht völlig aufheben, aber die Tendenz umkehren oder stabilisieren. Mit täglicher Übung ist dabei nicht systematisches Training gemeint, sondern die alltägliche Anwendung und der Gebrauch von Fertigkeiten, so wie man sie entsprechend beim Laufen oder Sprechen übt. Je früher nun ein Kind eine angemessene Unterstützung seines angeborenen Potentials erhält, umso größeren Nutzen wird es später daraus ziehen können.

Das Potential musikalischer Begabung (*aptitute*) stellt aber keine feste Größe dar, sondern sie entwickelt sich in den ersten 8 – 9 Jahren, d.h. sie ist veränderbar und stabilisiert sich dann auf dem bis dahin erreichten Niveau. Gordon unterscheidet daher zwischen einer *developmental aptitude* (Geburt bis ca. zum 9. Lebensjahr) und der sich daran anschließenden *stabilized aptitude*.[110] Diese Dualität ist oft missverstanden worden; denn sie bedeutet nicht, dass man sich nach dem 9. Lebensjahr nicht mehr verbessern oder dass man gar nichts mehr hinzulernen könne; es geht vielmehr darum, dass sich die Position eines Individuums in der Rangfolge der Gleichaltrigen festigt. Man spricht daher auch von einer Positions-Stabilität.[111] Damit ist folgendes gemeint: die in einem Begabungstest erhobenen Werte werden an den Durchschnittswerten von Gleichaltrigen normiert. Man kann dann die individuell erreichte Punktzahl mit dem Durchschnittswert Gleichaltriger vergleichen und so eine prozentuale Rangfolge (*percentile rank*) aufstellen, die angibt, wo der einzelne sich befindet, z. B. im oberen Drittel oder in der unteren Hälfte bezogen auf die Leistung Gleichaltriger. Dieser PR-Wert wird in Prozent ausgedrückt.[112] Bei der Auswertung der Begabungstests von Gordon[113] hat sich nun gezeigt, dass bis etwa zum 9. Lebensjahr diese Position variiert, je nach der Situation, d.h. dem Grad der Anregung und Ausübung (z.B. Instrumentalunterricht, Mitwirkung in Ensembles, regelmäßiges Musizieren). Aber nach dem 9. Lebensjahr bleibt diese Rangposition im statistischen Mittel erhalten, und zwar unabhängig von der Übung, d.h. sie hat sich auf diesem Niveau stabilisiert. Dafür lassen sich auch neuronale Gründe anführen: z.B. die Abnahme der synaptischen Dichte um diese Zeit (Abb. 6.4) sowie Veränderungen im Balken (Corpus callosum), einer Faserstruktur, die zwischen beiden Hirnhälften (Hemisphären) liegt und diese mit vielen Faserverbindungen untereinander vernetzt (Abb. 7.4). Auf der Grundlage dieser Begabungsentwicklung tritt die große Bedeutung hervor, die der Förderung des vorhandenen Potentials gerade in der frühen Kindheit zukommt.

Stabilisierung des Prozentrangs der Aptitude

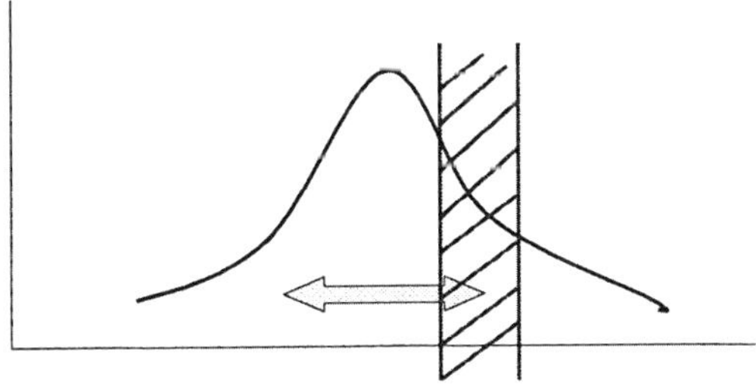

Abb. 7.4
Schematische Darstellung der Veränderbarkeit (Pfeil) und Stabilisierung (schraffiertes Feld) der Begabung vor dem Hintergrund der Normalverteilung.

Ein hohes Potential bedeutet aber nicht zwangsläufig, dass sich damit auch eine große Leistung im Sinne von Hochbegabungsstudien zeigt oder eine solche vorhergesagt werden kann. Denn die Entfaltung der Begabung bedarf eines entsprechenden „Milieus", d.h. der Förderung durch entsprechende Angebote, elterliche Unterstützung (die Begabungsforschung spricht daher von der großen Bedeutung des *parental support*), günstige äußere Bedingungen (Zeit und Raum zum Üben) etc. Ohne diese Unterstützung kann eine Begabung auch verkümmern. Umgekehrt lässt sich auch nicht zwingend folgern, dass eine niedrige Begabungshöhe keine guten Leistungen ermögliche. Vielmehr können Fleiß und Zielstrebigkeit zusammen mit den bereits genannten Faktoren günstiger Milieu-Bedingungen durchaus zu respektablen Leistungen führen. Insofern ist ein Test zur Selektion hochbegabter Kinder völlig ungeeignet. Begabungstests dienen nicht dazu, Unbegabte auszusortieren, sondern sie sollen helfen, bei zutage tretenden Schwächen gezielte Unterstützung und Förderung zu ermöglichen. Ziel früher musikalischer Förderung sollte es immer sein, angelegte Potentiale optimal zu entfalten. Elementare Musikpädagogik, Musikalische Früherziehung oder Frühförderung haben hierzu verschiedene Konzepte entwickelt.

Im Zentrum von Gordons Lerntheorie steht der Begriff der Audiation (*audiation*). Der Anfang allen Musiklernens soll bei der Ausbildung der Audiationsfähigkeit liegen. Dieser in der Nachfolge Vygotskijs von Gordon geprägte Begriff meint aber nicht nur das innere Hören (analog zur *inner speech* Vygotskijs), sondern bezieht sich auf genuin musikalisches Denken (siehe dazu das folgende Kapitel 8). Es ist ein besonderes Merkmal dieser Lerntheorie, welches sie von anderen fundamental unterscheidet, dass sie den Schwerpunkt nicht auf den Erwerb manueller Fertigkeiten, sondern auf die Ausbildung des musikalischen Denkens legt, das – wie beim Sprechen – mit der Hervorbringung der ersten Laute beginnt und dann später alles weitere musikalische Handeln (Musizieren) bestimmt.

Im Zentrum der Lerntheorie steht der stufenweise Aufbau des Lernens. In Anlehnung an Gordons sehr differenzierte Stufenfolge lassen sich in vereinfachter Darstellung im Wesentlichen drei Hauptphasen unterscheiden:

(1) hören und vokalisieren (singen, sprechen) = Einüben der phonologischen Schleife
(2) benennen dessen, was gehört und erkannt wird = verbale Verknüpfung
(3) lesen und schreiben = symbolische Codierung

(1) Musikalische Erfahrung setzt mit dem Zuhören und der vokalen Exploration ein. Im Zuge der Einübung der phonologischen Schleife (siehe Kapitel 5) erwirbt das Kind die Muster, die dann als mentale Repräsentationen gespeichert werden.

(2) Die musikalischen Muster oder Beispiele, die bereits repräsentiert und stimmlich dargestellt werden, können dann benannt werden. Die Benennung meint nicht die Anwendung der musiktheoretischen Fachbegriffe, sondern zunächst die Verwendung von Solmisationssilben, und zwar für die Tonhöhen die relative Solmisation nach Tonika-Do (do, re, mi, fa so etc.) und für die Metren und Rhythmen das Rhythmus-Solfège nach Froseth und Gordon (siehe Tafeln 1 und 2). Die melodische Solmisation geht auf Guido von Arezzo (zwischen 1020 und 1035) zurück, der sie als Lernhilfe eingesetzt hat. Sein Ziel war es, das pure Memorieren der unzähligen Gregorianischen Melodien durch einen eigenen Erkenntnisvorgang zu ersetzen, damit der Sänger nicht wie ein Blinder, der ohne Führer nicht gehen kann, immer auf fremde Hilfe angewiesen ist. Er nutzte die Melodie des Johannes-Hymnus, der eine Bitte um Verschonung der Sängerknaben vor Heiserkeit beinhaltet und mit jeder neuen Melodiezeile auf dem nächst höheren Ton beginnt, um die Textsilben der Anfangstöne einer jeden Melodiezeile als Name für diesen Ton einzuführen. Bis heute gelten in romanischen Ländern diese Silben als Namen der Töne einer Tonleiter. Erst im 19. Jahrhundert verwendete Sarah Ann Glover (1785 – 1867) diese Silben (bei Ersetzung des *ut* durch *doh*) als relative Tonbezeichnungen (*movable do*), wobei „do" nun immer den Grundton einer Dur-Tonleiter bezeichnet und Moll demnach mit „la" beginnt (Tafel 1). Auf diese Weise wird es möglich, dass das, *was gleich klingt, auch gleich heißt* (die einzelnen Töne tragen dieselben Namen). Damit kann man *benennen, was man hört.* Beim *Lesen der Notation muss man benennen, was man sieht und weiß*. Die Solmisation ist für Kinder daher eine ungemeine Erleichterung, weil sie nur zu hören und nicht zu lesen brauchen oder erst recht noch keine Theorie (C-Dur, Es-Dur, E-Dur) wissen müssen. Stellen wir uns die Melodie des Kinderliedes „Fuchs, du hast die Gans gestohlen" vor, die wir ganz

unterschiedlich notieren können: c – d – e – f – g … oder es – f – g – as – b … oder e – fis – gis – a – h … usw. Aber die Melodie klingt immer gleich, und jeder erkennt, dass es sich um dasselbe Lied handelt, gleichgültig ob es in C-Dur, Es-Dur oder E-Dur erklingt. Mit den Silben der relativen Solmisation heißt diese Melodie dagegen immer gleich und kann auf jedem beliebigen Ton beginnen: do – re – mi – fa – so …

Dasselbe gilt für die Benennung von Rhythmen und Metren. Die Froseth/Gordonsche Rhythmussprache verwendet im Unterschied zu den Bezeichnungen der Kodály-Methode nicht Namen für einzelne Notenwerte (die muss man wieder erst kennen und ihre Bedeutung wissen), sondern *benennt* auch hier, *was man hört*. Kinder hören keine Notenwerte, sondern den regelmäßigen Puls mit verschiedenen Unterteilungen und Betonungen. Benennt man den Hauptschlag des Pulses mit „du“ und die Unterteilungen mit „du-dɛi“ (Zweier-Metrum) oder „du-da-di“ (Dreier-Metrum), so ist diese Bezeichnung unabhängig von möglichen Notationen mit Vierteln, Halben, Achteln etc. Man hört z.B. das Dreier-Metrum und kann es mit den Silben sprechen (deklamieren), ohne an verschiedene Notenwerte zu denken oder diese zu kennen.

(3) Erst das, was gekonnt und benannt wird, was also mental im Bewusstsein repräsentiert ist, kann dann als Symbol codiert werden. Denn ein Symbol ist ja ein grafischer Stellvertreter *für etwas*; ein Symbol meint sich nicht selbst (es wäre also unsinnig, Symbole auswendig zu lernen), sondern es steht für etwas anderes, das es vertritt, was mit dem Zeichen gemeint ist. Um also ein Symbol verstehen zu können, muss das Andere bereits vorhanden sein. In der Musik ist das Andere, das durch Symbole ausgedrückt wird (z.B. ein grafisches Notenzeichen) ein Ton oder ein Intervall, also immer ein Klang. Dieser muss repräsentiert sein, damit ein Zeichen es bedeuten kann, indem es auf den Klang verweist, der auditiert werden kann.

In der Regel ist erst das schulreife Kind in der Lage, die Bedeutung von Symbolen zu verstehen. Aber lange vorher kann es benennen, was es hört und als was es das Gehörte versteht. Eine gesungene kleine Terz kann also durch so – mi, aber ebenso auch durch do – la solmisiert werden, je nach dem, ob man sie als obere Terz eines Dur-Dreiklangs oder als untere eines Moll-Dreiklangs versteht. Und um diesen Klang wiederzuerkennen, muss man nicht wissen, dass er Dur oder Moll heißt, wenn man sagen kann, was man hört: do – la oder so – mi.

Für die Anfänge des musikalischen Lernens sind ausschließlich die ersten beiden Stufen von Bedeutung. Bei Kleinkindern geht es darum, dass sie erst einmal die Audiationsfähigkeit erwerben, weswegen Gordon zunächst von der Vorbereitung auf die Audiation (*preparatory audiation*) ausgeht. Dies geschieht dadurch, dass Kinder oft hören, wie Eltern oder Erzieher zu ihnen singen. Dabei sind die verschiedenen Interaktionsformen frühkindlicher Kommunikation (siehe Kapitel 5) von großer Wichtigkeit: Blick- und Körperkontakt. Bei der vokalen Interaktion übt das Kind die phonologische Schleife (siehe Kapitel 4), indem es das Gehörte sogleich imitierend beantwortet. Orale und aurale Aktionen greifen ineinander. Dabei muss das Kleinkind zwischen „gleich" und „verschieden" unterscheiden. Diese Unterscheidung kennzeichnet die erste und elementarste Form des Lernens. Denn alles, was wir erkennen, erfassen wir in dem Maße, wie wir erkennen, was es nicht ist, d.h. die Zuordnung zu „gleich" und „verschieden" ist die erste, grundlegende Form beziehenden Denkens. Dieses üben Kleinkinder, wenn sie Sprachlaute und Klänge imitieren oder imitatorisch beantworten.

Dass schon Säuglinge bei Melodien zwischen „gleich" und „verschieden" bzw. zwischen „vertraut" und „fremd" unterscheiden können, wurde in Kapitel 3 dargestellt. Lerntheoretisch stellt sich dabei die Frage, ab wann ein kleines Kind eine Melodie oder einen Rhythmus als „gleich" oder „verschieden" erkennt. Dazu wurden in einem systematischen Versuch mit 1- bis 2-jährigen Kindern Melodien und Rhythmen durch tägliches Vorspielen und Vorsingen vertraut gemacht. Danach wurde die Melodie systematisch transponiert, wurden die Formteile vertauscht, so dass jedes einzelne Element in sich gleich blieb, und wurde der Rhythmus in Tempo und Metrum verändert.[114] Dabei zeigte sich, dass eine Transposition von mehr als drei Halbtönen die Wiedererkennung einer Melodie beeinträchtigt und dass die Veränderung des Metrums den Rhythmus unmittelbar verändert und ihn als „fremd" erscheinen lässt. Dies macht es erforderlich, auf große Konsistenz in der Darbietung von Melodien und Rhythmen zu achten, wenn man erreichen möchte, dass Kinder eine später wiederholte Melodie als „gleich" wiedererkennen können. Interessant ist dabei, dass kleine Kinder mit zunehmendem Alter die formale Änderung (Vertauschung einzelner Teile) zunehmend mehr als „fremd" verstehen, weil sie nicht mehr von der Klanganmutung ausgehen, sondern bereits Strukturunterschiede erkennen (Abb. 7.5).

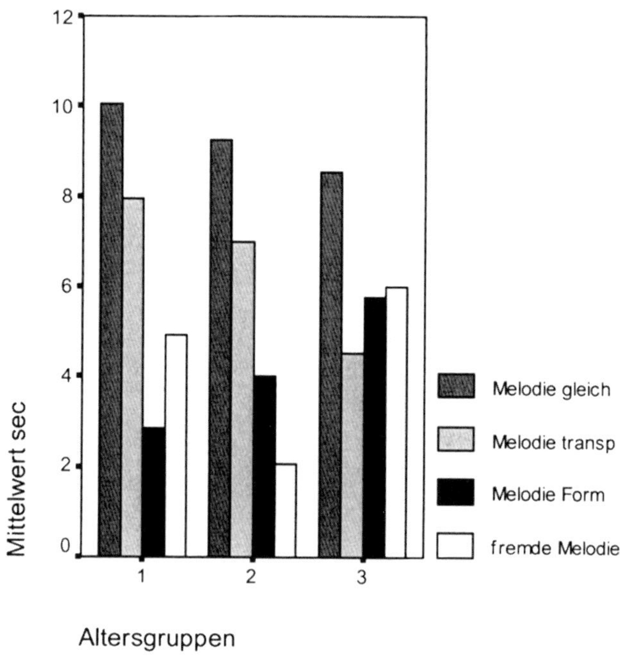

Abb. 7.5
Vergleich altersdifferenzierter Gruppen (1 = Kinder um 1 Jahr; 2 = um 1,5 Jahre; 3 = um 2 Jahre) hinsichtlich ihres Erkennens melodischer Veränderungen durch Transposition und formale Umstellung gegenüber einer ganz fremden Melodie.

Zum festen Besitz wird eine Fähigkeit aber erst dann, wenn selbständig mit den einzelnen Inhalten umgegangen werden kann. Das bloße Imitieren ruft den Nachhall des gerade Gehörten ins Gedächtnis; erst mit der Audiation von Klängen führt das Denken zum Tun (siehe Kapitel 8) und reguliert es. Lerntheoretisch bildet die imitatorische Wiederholung eine Grundform unterscheidenden Lernens (Unterscheidungslernen, *discrimination learning*), weil dabei entschieden werden muss, ob die imitierten Klänge „gleich" oder „verschieden" sind. Ist diese Fähigkeit sicher verankert, kann das Kind mit den einzelnen Elementen frei umgehen, d.h. es kann mit kleinen rhythmischen Elementen kombinatorisch verfahren oder die Töne eines Dreiklangs in anderer Form neu zusammenstellen und damit improvisieren. Dabei geht es mit den bereits gelernten Elementen selbständig um, indem es generalisiert, was regelhaft daran ist. Das Kind erschließt so aus dem Bekannten neue Kombinationen oder klangliche Möglichkeiten. Gordon betont daher nachdrücklich die generelle Bedeutung des selbstorganisierten, schlussfolgernden Lernens (inferentielles Lernen, *inference learning*), das auf dem eigenen Wissen aufbaut und immer im Wechsel mit dem Unterscheidungslernen stehen soll (Abb. 7.6).

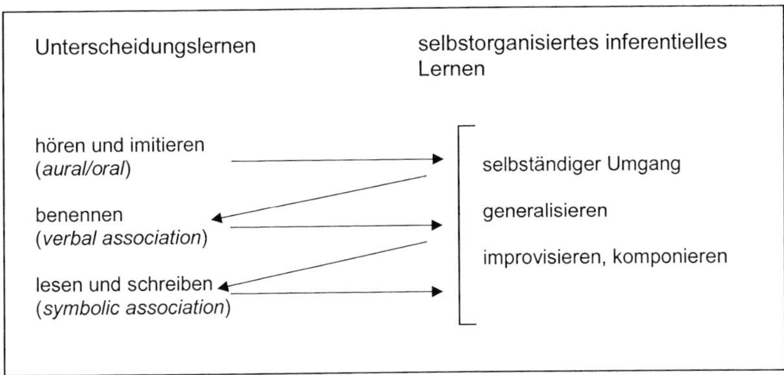

Abb. 7.6
Das Zusammenspiel der beiden Lernarten des Unterscheidungslernens mit dem selbstorganisierten, inferentiellen Lernen.

Unterscheidungslernen verlangt nach einem Lehrer, der etwas vormacht, was nachgemacht werden kann. Selbstorganisiertes Lernen geschieht allein im Kopf; der Lerner unterweist sich auf der Grundlage bereits erworbener Erfahrungen gewissermaßen selbst. Audiation setzt selbstorganisiertes, inferentielles Lernen voraus und ergibt sich als dessen Folge. Man muss mit eigenen Ohren lernen.[115]

Damit das Gehirn die notwendigen Muster und Anregungen erhält, die im Vergleich aufeinander bezogen werden können, ist es notwendig, Gleichheit und Verschiedenheit anzubieten und dazu Beispiele auszuwählen, die in Tonalität und Metrum eine große Vielschichtigkeit aufweisen. In einer Untersuchung hat sich gezeigt, dass Kinder, die nur Melodien in Dur gehört, gesungen und geübt hatten, im abschließenden Beurteilung der Singleistung von Kindern übertroffen wurden, die zusammen mit Dur auch Melodien in anderen Tonarten (also in Moll, den Kirchentonarten und freien Tonalitäten) gesungen hatten.[116] Musikalisch erkennt man das Wesen von Dur nicht, wenn man weiß, wo die Halbtonschritte liegen, sondern wenn man den Klangcharakter erfasst. Dies geschieht am besten dadurch, dass man Dur mit mixolydisch vergleicht, weil sich beide Tonarten im Charakter deutlich, in der Struktur aber nur minimal, nämlich nur in dem fehlenden Leitton unterscheiden. Ein Kind, das diesen Unterschied erkennt, muss also den kleinen strukturellen Unterschied hörend (nicht begrifflich) wahrgenommen haben; es hat, indem es auf mixolydisch als „verschieden" reagiert, erkannt, was Dur *nicht* ist und damit zugleich die Repräsentation von Dur verfeinert. Daraus ergibt sich die lerntheoretische Notwendigkeit, Kindern neben der Wiederholung gleicher Melodien und Rhythmen auch eine große Vielfalt an Verschiedenartigkeit an Tonalitäten (Dur, Moll, dorisch, phrygisch, lydisch, mixolydisch, aeolisch, lokrisch) und Metren (gerade und ungerade; regelmäßig und unregelmäßig zusammengesetzt) anzubieten.

Schaut man sich vor diesem Hintergrund die heute für Kinder angebotenen Liedersammlungen an, stellt man fest, dass über 90% der darin enthaltenen Lieder in Dur stehen und sich der Rest auf Moll und allenfalls Pentatonik verteilt. Nicht anders verhält es sich mit den Metren: deutlich über 80% aller Lieder stehen im geraden Takt (2/4 oder 4/4), die verbleibenden Lieder (je nach Liederbuch 15% – 20%) stehen im ungeraden Takt (3/4 und 6/8).[117] Eine solche Reduktion auf Dur und geraden Takt ist aber weder entwicklungspsychologisch, noch musikgeschichtlich und erst recht nicht lerntheoretisch zu begründen.

Gestützt auf wesentliche Grundlagen aus Gordons Lerntheorie kann man folgende Aussagen über die Anfänge musikalischen Lernens zusammenfassen:

1. Jeder Mensch verfügt über einen bestimmten Grad an musikalischer Begabung, d.h. über das Potential, das im Rahmen der genetischen Disposition weiter entwickelt werden kann.
2. Dieses Potential erreicht in den ersten drei bis vier Lebensjahren seinen Höhepunkt.
3. Eine vielfältige musikalische Lernumgebung vermittelt dem Kind die Anregungen, die es zu seiner weiteren Entwicklung braucht.
4. In der Phase der Akkulturation steht der Erwerb eines Hörrepertoires der kulturspezifischen Sprachlaute und Tonsysteme im Vordergrund.
5. Mit der Fähigkeit zur Imitation entwickelt das Kind die Fähigkeit, durch Unterscheidung zwischen „gleich“ und „verschieden“ kulturspezifische sprachliche und musikalische Repertoires mental zu repräsentieren.
6. Dazu ist eine große Vielfalt von Hörangeboten und musikalischen Erfahrungen notwendig.
7. Je früher ein Kind eine angemessene Unterstützung seines Potentials erfährt, umso größeren Nutzen kann es später daraus ziehen.
8. Bis ungefähr zum 9. Lebensjahr ist dieses Potential plastisch veränderbar (*developmental aptitude*) und stabilisiert sich danach auf dem Reifeniveau (*stabilized aptitude*).
9. Musikalisches Lernen richtet sich auf die Entwicklung der Fähigkeit zur Audiation.
10. Der Lernprozess verläuft sequentiell in einer Folge aufeinander aufbauender Stufen.

RELATIVE SOLMISATION

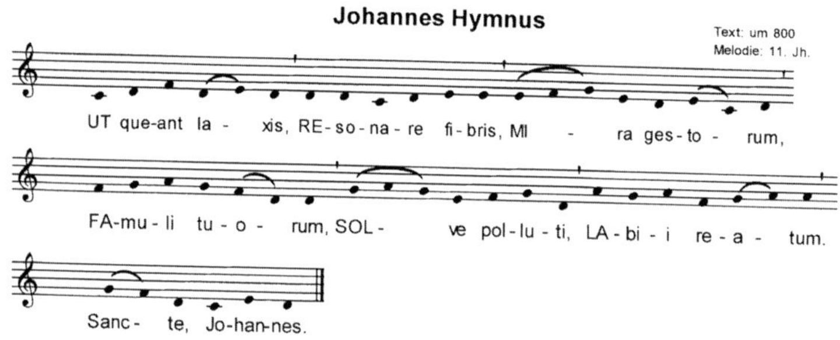

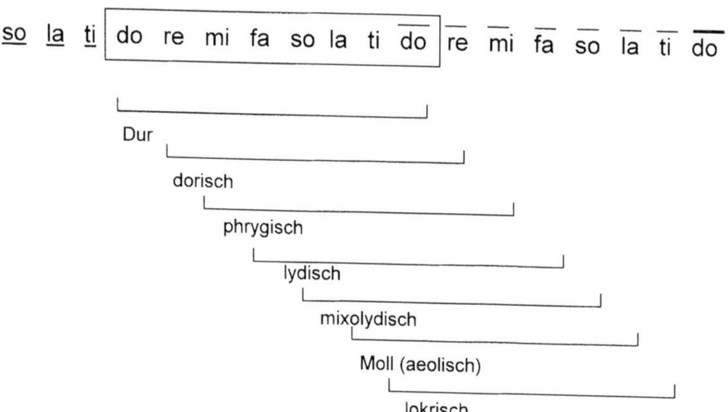

Tafel 7.1 Relative Solmisation

RHYTHMUS-SOLFÈGE

(nach James Froseth und Edwin Gordon)

Grundpuls (Macro-Beat) (= Füße)	du	
Metrum (Micro-Beat) (= Hände)	Zweier-Unterteilung	Dreier-Unterteilung
	du deï [dɛi]	du da di
Rhythmus (= Mund/Stimme)	-te	-te

Regelmäßig zusammengesetzte Taktarten (MB gleich lang) z.B. 4/4, 6/8; 9/8 etc.
Unregelmäßig zusammengesetzte Taktarten (MB ungleich lang) z.B. 5/4 = 2 + 3; 7/8 = 2 + 2 + 3 etc.
In diesem Fall ändern sich die Silben: du dei → du **b**ei du da di → du **ba bi**

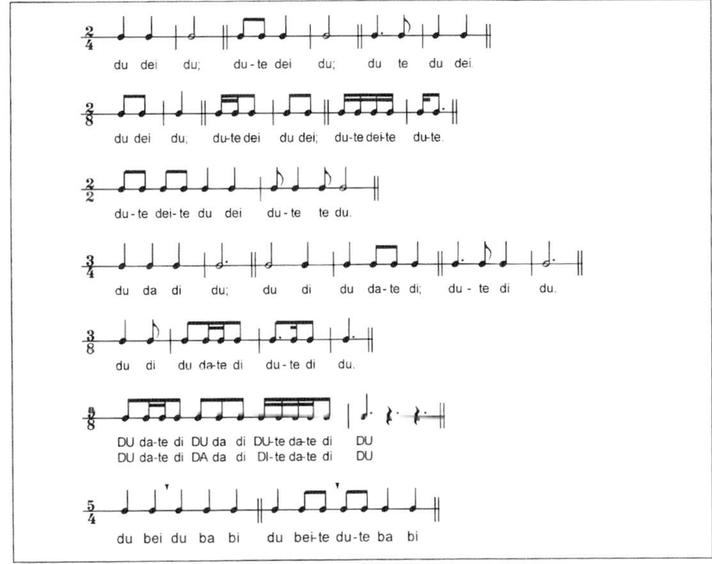

Tafel 7.2 Rhythmus-Solfège

Kapitel 8

Der Aufbau des musikalischen Denkens II
Audiation: das Ordnen des Tuns

In seinem Buch „Denken: das Ordnen des Tuns“ hat Hans Aebli auf der Grundlage der kognitiven Handlungstheorie dargelegt, „wie sich das Denken in Kontinuität aus dem praktischen Handeln und aus dem Wahrnehmen entwickelt.“[118] Damit wird der klassische Dualismus von Denken und Handeln aufgehoben, wonach das Denken dem Bereich der Ideen und des Geistes, das Handeln aber der Materie und dem Körpers zugewiesen ist. Demgegenüber entwickelt Aebli seine kognitive Handlungstheorie, die darauf beruht, dass sie für das Denken und Wahrnehmen wie für das Handeln eine gemeinsame Funktion annimmt, nämlich die *Stiftung von Beziehungen* zwischen gedanklich intendierten und praktisch realisierten Handlungen. Damit wird Beziehungsstiftung zum gemeinsamen Ziel von Handeln und Denken.[119]

Dies wird deutlich, wenn man sich vergegenwärtigt, dass das Wahrnehmen einer Struktur – in der Musik z.B. eines Tanzes – bedeutet, den Gestus des Tanzes im Hören innerlich nachzuvollziehen. Erkennen von etwas als etwas ist dann immer verbunden mit dem Nachvollzug sprachlicher oder musikalischer Gesten in der Vorstellung, d.h. im Denken. Kognition (Erkenntnis) tritt daher notwendig schon im Rahmen der Wahrnehmungstätigkeiten auf und wirkt sich beziehungsstiftend auf das Tun aus, das Aebli als absichtsvolles, zielgerichtetes Verhalten definiert.[120] Kognition ist darauf gerichtet, die Struktur eines Handlungsablaufs zu sichern.[121] Die Struktur eines Handlungsablaufs macht das invariante Schema aus, das allen gleichen Handlungen in ihren je individuellen Ausprägungen zugrunde liegt. Die invariante Struktur einer musikalischen Handlung oder Äußerung kann der kadenzielle Quintfall am Ende einer Phrase sein, eine zwei- oder vier-taktige Melodiebildung, rhythmische Korrespondenzen, das formale Prinzip von Wiederholung und Kontrast etc. Die konkrete individuelle Ausführung erfordert eine zielgerichtete Vorstellung, die den Handlungsverlauf innerlich voraus denkt (antizipiert) und korrigierend begleitet. Handeln ohne zu denken führt zu Beliebigkeit oder Chaos; Denken ohne zu handeln bleibt belang- und wirkungslos, weil das Gedachte nicht nach außen dringt und in Erscheinung tritt (z.B. in einer Komposition, selbst wenn diese nicht aufgeführt wird).

Das Phänomen genuin musikalischen Denkens nennen wir heute nach Gordon „Audiation“. Das Wesen musikalischer Audiation kann man sich am besten im Vergleich mit Sprache und deren Vollzug im Sprechen klarmachen. Die Sprache liefert die Struktur, in der sich die einzelnen Sprechakte (Sprechhandlungen) realisieren. Sprechen ist dabei immer der Ausdruck dessen, was man denkt oder denken kann. Man formt Gedanken in sprachlichen Sätzen und bedient sich dabei struktureller Normen, um Gedanken jemand anderem mitzuteilen. Dies gelingt dann, wenn der andere ebenfalls über dieselben Grundlagen des semantischen (Wortbedeutung), grammatischen (Wortformen) und syntaktischen (Wortverknüpfungen) Repertoires verfügt.

Bei musikalischen Äußerungen fehlt die semantische Ebene (oder ist allenfalls nur rudimentär vorhanden, insofern Bedeutungen immer nur in bestimmten Kontexten entstehen, aber nicht universell gültig sind). Hier ersetzen formale Prinzipien der Verknüpfung (musikalische Grammatik) und Formen der melodischen und rhythmischen Gestaltung (phonetische Struktur) die Semantik. Im Hören solcher Strukturen vollziehen wir die gedachten Intentionen des Autors nach. Das Mitdenken der musikalischen Ereignisse beim Hören bezieht sich dabei hauptsächlich auf die strukturellen Bezüge, d.h. zunächst einmal darauf, tonale und metrische Ausformungen oder Abweichungen von etablierten Mustern zu erkennen und auf bereits gehörte zu beziehen. So kann man erkennen, dass eine Melodie nach ihrem Gestus und Charakter ein Choral sein muss, sie aber in einzelnen Wendungen von bekannten Chorälen abweicht. Das Erkennen der Abweichung von vertrauten Mustern ist ein sicheres Zeichen dafür, dass entsprechende mentale Repräsentationen bereits vorhanden sind. Man bezieht dann das Gehörte auf das bereits Bekannte und stellt Übereinstimmung oder Abweichung fest, oder einfacher gesagt: man unterscheidet zwischen „gleich“ und „verschieden“ als erster Form der Differenzierung.

Dieser Musterabgleich (*pattern matching*) liegt jedem Verstehensprozess zugrunde und findet in der Vorstellung statt, beruht also auf dem Denken möglicher Beziehungen. Audiation bezeichnet die Fähigkeit zu struktureller Beziehungsstiftung beim Musterabgleich. Das ist, wie sich zeigt, viel mehr als nur innerlich stummes Singen. Denn dabei muss man nur einen *bekannten* Melodieverlauf noch einmal stumm memorieren. Audiation erfordert demgegenüber die Fähigkeit, auch eine *unbekannte, noch nicht gehörte Melodie zu bereits internalisierten Mustern in Beziehung zu setzen*. Es geht dabei also um einen *aktiven* Vorgang beziehenden Denkens und einen bedeutungsgenerierenden Akt.[122] Dies hat Gordon immer wieder in verschiedenen Bildern und Analogien herauszuarbeiten versucht: Audiation sei ein Prozess, eine aktive Antwort auf die Musik, kein fertiges Produkt;[123] Audiation sei wie der Schaffensvorgang an einer Skulptur;[124] wenn man Musik nur memoriert und auswendig spielt, lebe man in der Vergangenheit, Audiation sei aber erlebte Gegenwart.[125]

Bei dem Phänomen der Audiation handelt es sich tatsächlich nicht um eine theoretische Annahme zur Erklärung der inneren Vorgänge beim Lernen, sondern um eine neurobiologische Tatsache, die sich im Elektroenzephalogramm (EEG) deutlich zeigen lässt (Abb. 8.1).

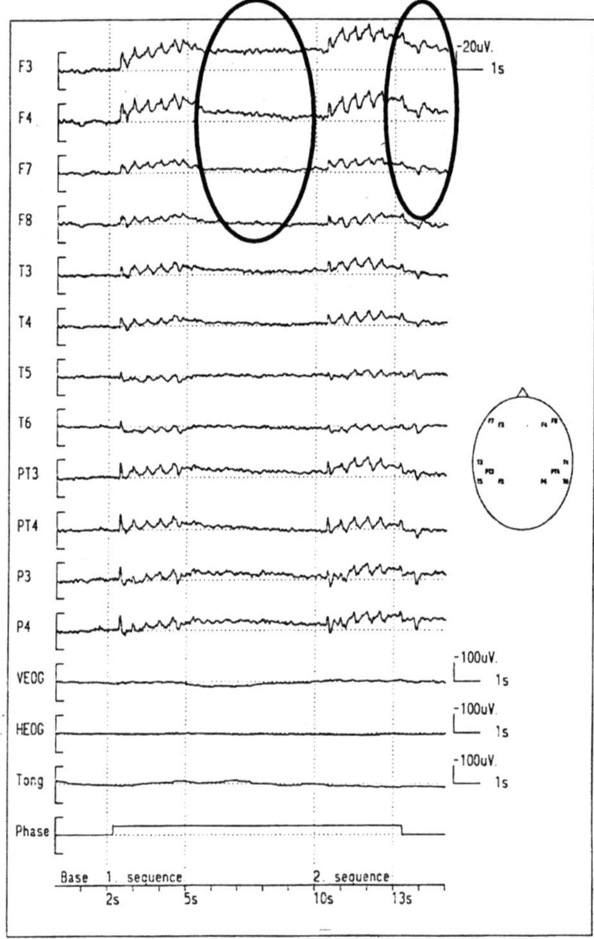

Abb. 8.1
EEG-Ableitung eines Probanden, der bei zwei kurzen Fünftonfolgen angeben sollte, ob es sich bei der zweiten Sequenz um eine korrekte Krebsbildung handele oder nicht. Um dies entscheiden zu können, muss der Proband unmittelbar nach der zweiten Sequenz noch einmal die erste innerlich aktualisieren und beide Formen in der Vorstellung miteinander vergleichen. Die markierten Bereiche zeigen die typischen Aktivierungskurven zwischen den beiden Beispielen und insbesondere in der abschließenden Entscheidungsphase. (Mit freundlicher Genehmigung E. Altenmüller)

Die dargestellte neuronale Aktivität zeigt sich in der Pause zwischen den beiden Höraufgaben (1. und 2. Sequenz), wird aber besonders deutlich unmittelbar im Anschluss an die zweite Darbietung, nach der der Proband die beiden Beispiele vergleichen und zu einer Entscheidung kommen muss. Dies geschieht durch Audiation, d.h. durch eine gedankliche, vorstellungsmäßige Aktualisierung der vorher gehörten Beispiele.

Mit der Fähigkeit zur Audiation wird es möglich, gehörten Klängen eine musikalische Bedeutung zu geben und sie als Musik wahrzunehmen, d.h. sie *als etwas* zu erkennen. Wo dies aufgrund mangelnder Erfahrung nicht gelingt, wird Musik eben als Geräusch empfunden.[126] Erst durch Audiation gelingt es, die strukturelle Bedeutung einer musikalischen Äußerung zu erfassen, indem man im Denken Beziehungen zu bereits repräsentierten Strukturen herstellt. Audiation bezeichnet also immer einen aktiven Prozess, der ebenso auf das Erkennen von Gehörtem gerichtet ist wie auch nötig ist, um musikalische Gedanken auszudrücken, musikalisch zu „sprechen". Dies träfe nicht zu, wenn sich Musizieren allein auf die motorische Wiedergabe komponierter Werke bezöge; denn dazu müssten nur Bewegungsabläufe memoriert werden. Aber schon bei der Darstellung des musikalischen Sinns einer Komposition ist es unabänderlich, dass die musikalischen Strukturen, in denen sich das Stück mitteilt, auditiert werden.[127] Das trifft erst recht dann zu, wenn es nicht nur um die Reproduktion von Werken geht, sondern um den Ausdruck eigener musikalischer Vorstellungen beim Improvisieren und Komponieren.

So wie das Denken auf die Sicherung einer allgemeinen Handlungsstruktur gerichtet ist, ermöglicht Audiation die Sicherung einer musikalischen Handlungsstruktur. Ohne in bestimmten Ordnungskategorien der Tonalität, Metrik und Form zu denken, lässt sich schwerlich musikalischer Zusammenhang improvisieren. Mit Improvisation ist dabei nicht das zufällige Ergebnis des Agierens auf Instrumenten gemeint, sondern die absichtsvolle, zielgerichtete musikalische Darstellung eines Gedankens, die spontan (wie beim Erzählen eines Erlebnisses) und ohne schriftlich fixierten Text erfolgen kann. Dies mögen einige Beispiele verdeutlichen.

– Das Kind muss den regelmäßigen Puls im Zweier- oder Dreier-Metrum auditieren, um sich dazu im Raum koordiniert bewegen zu können.
– Beim Singen und Spielen muss man die jeweilige Tonart (Dur, dorisch etc.) auditieren, um in der Lage zu sein, in dieser Tonart zu bleiben

oder nach einer Ausweichung oder nach einem Irrtum wieder dorthin zurückzukehren.
- Ein Solist muss den Vorhaltsquartsextakkord und seine Auflösung auditieren, um sich in der Kadenz eines Solokonzerts frei bewegen zu können.

In allen diesen Fällen ist das planende und sich am musikalischen Kontext orientierende Denken entscheidend für die Entwicklung und Ausübung der musikalischen Handlungskompetenz.

Im Hinblick auf den Anfang des Lernens ist daher zu entscheiden, ob es primär um den Erwerb von Spieltechniken für eine korrekte Wiedergabe von fertigen Kompositionen gehen soll oder ob auch (und vielleicht gerade) die Fähigkeit, eigene musikalische Gedanken zu formulieren, also musikalisch in bestimmten Systemen zu improvisieren, angestrebt werden sollte. Für diesen Fall gilt, dass das musikalische Denken, die Audiation, das musikalische Tun und damit die die musizierende Handlungsfähigkeit leitet und stärkt.

Kapitel 9

Der Aufbau des musikalischen Denkens III

Sequentielles Lernen

Der Aufbau des Lernens in Sequenzen geht von der Beobachtung aus, dass Kinder in ihrer Entwicklung bestimmte Phasen durchlaufen, die nicht beliebig austauschbar sind. Ein Kind kann erst sitzen und aufrecht stehen, bevor es laufen lernt; nie wird es bereits laufen, ohne vorher stehen zu können. Das bedeutet, dass auch beim Lernen bestimmte (kognitive, motorische, psychische) Stadien erreicht sein müssen, damit der Lernprozess auf einer neuen Ebene sinnvoll voranschreiten kann. Für den Erzieher kommt es also darauf an, die Entwicklung des Kindes zu beobachten und am Verhalten zu erkennen, wann ein Kind bereit ist, d.h. die notwendige Voraussetzung erfüllt, eine neue kognitive Erfahrung zu machen. Piaget hat z.B. sehr anschaulich beschrieben, wie ein Kind erst über die Fähigkeit der Kompensation verfügen muss, um in dem Versuch mit einer Wassermenge, die aus einem schmalen, hohen Glas A in ein niedrigeres, aber breiteres Glas B umgegossen wird, verstehen zu können, dass die Wassermenge erhalten bleibt, obwohl sie im schmalen Glas höher steht als im breiten.[128] Hier muss das Kind einen Begriff von der Erhaltung der Menge erworben haben, indem es Höhe und Breite des Glases zueinander in Beziehung setzen und verstehen kann, dass bei der Erhaltung der Menge die Höhe des schmalen Glases durch die Breite kompensiert wird. Ist dieser kognitive Schritt noch nicht vollzogen, wird das Kind meinen, im hohen Glas befinde sich mehr Wasser.

In ähnlicher Weise müssen auch beim musikalischen Lernen bestimmte kognitive Schritte vollzogen sein, damit ein neuer Lernschritt sinnvoll mitgegangen werden kann. So muss der Säugling erst seine Aufmerksamkeit auf ein musikalisch klangliches Ereignis fokussieren können, bevor eine gezielte Antwort zu erwarten ist. Das Kind muss den Unterschied von „gleich“ und „verschieden“ verstanden haben, um richtig imitieren zu können. Es muss dazu wahrnehmen, was ein anderer tut, und dieses Tun auf sich beziehen. Erst danach kann es seine Aktivitäten mit dem eigenen Körper und den Tätigkeiten anderer Kinder koordinieren. Die Formulierung modellhafter Lernsequenzen folgt hier der Verhaltensbeobachtung im Rahmen einer Langzeitstudie mit Kindern von 1 – 6 Jahren an der Musikhochschule Freiburg, die zur Unterscheidung folgender lernpsychologischer Stadien führte,[129] die sich an Gordons Typologie anlehnt (Abb. 9.1).

Entwicklungspsychologische Stadien

1. Akkulturation
Kulturelle Prägung durch Dominanz der kulturspezifischen Laute und Klänge in der Umgebung; stimmliche Exploration (Assimilation und Akkommodation)

2. Attention (gerichtete Aufmerksamkeit)
Bewusste Hinwendung zu Klängen und Klangerzeugungsvorgängen

3. Imitation
Körperliche (motorische) und stimmliche (vokale) Nachahmung einzelner Ereignisse, oft zeitlich mehr oder weniger stark verzögert

4. Antizipation
Erwartung und ggf. Enttäuschung der Erwartung

5. Koordination
Koordination der eigenen Handlungen durch Selbst- und Fremdwahrnehmung; Koordination von Körper, Atem und Stimme

Abb. 9.1
Entwicklungspsychologische Stadien.

Während die Phase der Akkulturation im wesentlichen dadurch gekennzeichnet ist, dass hier in großer Vielfalt Hörinformationen vermittelt werden, die dann die Grundlage für ein breites Hörrepertoire bilden, zeigt sich eine neue Bewusstheit beim Auftreten gerichteter Aufmerksamkeit. Hier wendet sich das Kind absichtsvoll den dargebotenen Ereignissen zu und kann für eine bestimmte Zeitspanne seine Aufmerksamkeit fokussieren. Mit dem Einsatz des Stadiums der Imitation hat dann eine weitere kognitive Veränderung stattgefunden: das Kind tritt aus seiner Ich-Bezogenheit heraus und nimmt bewusst wahr, was um es herum an neuen, anderen oder fremden Ereignissen geschieht, an denen es sich durch Imitation zu beteiligen versucht. Die Imitation als kognitive Leistung stellt einen Übergang dar von der frühen Senso-Motorik zur Ausbildung der inneren Vorstellung.[130]

Dies ist besonders gut in der Sprachentwicklung zu beobachten. Während ein Kind mit ungefähr einem Jahr zunächst alle Laute wiederholt und nachmacht, entdeckt es plötzlich, dass einzelne Lautkombinationen eine bestimmte Bedeutung haben, etwas bestimmtes meinen, z.B. die Mama, die Puppe, den Wauwau etc. Von dem Moment, an dem der Bedeutungs-Code von Wörtern verstanden ist, lernt das Kind im zweiten Lebensjahr in kurzer Zeit täglich viele neue Wörter, und der Vokabelspurt beschleunigt sich noch mit zunehmendem Alter.[131] Dasselbe trifft für den Melodie-Erwerb 2- bis 3-jähriger Kinder zu.

Eine entscheidende Wende bedeutet es, wenn das Kind nicht mehr nur mit- und nachmacht, sondern wenn es bereits Hörerwartungen bildet und dies dadurch anzeigt, dass es die Töne der Melodie oder die Schläge des Rhythmus schon vor den Erwachsenen ausführt, sie also antizipiert. Hier sind bereits mentale Repräsentationen vorhanden, die auditiert werden und so die eigene Handlung bestimmen. Aus dem bloßen „Mitmachen“ ist ein selbständiges „Auch-Machen“ geworden, d.h. die Kinder können nun auch selbständig ihre Melodien singen und Rhythmen sprechen.

Im Stadium der Koordination kommt es dann nach der Fremdwahrnehmung zur allmählichen Ausbildung der Fähigkeit, sich metrisch und tonal den als Mitspielern wahrgenommenen anderen Kindern oder Erwachsenen anzupassen.

Für den frühkindlichen Lernprozess hat Gordon eine differenzierte Stufenfolge für Neugeborene und Kleinkinder methodisch und didaktisch ausgearbeitet,[132] die Auskunft darüber gibt, in welchem Stadium sich ein Kind befindet und mit welchen neuen Reaktionen der Erzieher darauf reagieren soll. Diese Typologie konnten wir mit unserer Studie im wesentlichen bestätigen. In Gordons Terminologie gliedert sich der Stufenaufbau in drei Stadien mit insgesamt sieben Stufen:

Stadien (*types*)	**Stufen** (*stages*)
I Akkulturation	1. Absorption 2. Zufällige Reaktion 3. Absichtsvolle Reaktion
II Imitation	4. Aufbrechen der Egozentrizität 5. Code knacken
III Assimilation	6. Introspektion 7. Koordination

Abb. 9.2
Übersicht über die Stadien und Stufen nach Gordons Lerntheorie für Kinder (Gordon, 1997, S. 41 f.)

Die 4. und 6. Stufe stellen Übergangsphasen dar, in denen sich die Kinder aufgrund ihrer kognitiven Entwicklung neu orientieren und die deshalb auch in ihrer Ausprägung und Dauer ganz unterschiedlich ausfallen.

Der Begriff des sequentiellen Lernens sollte nicht dazu verleiten, sich diesen Verlauf linear vorzustellen. Vielmehr verläuft er in kognitiven Sprüngen, d.h. ein Kind mag längere Zeit in einem Stadium verharren, ohne dass – äußerlich sichtbar – etwas zu geschehen scheint. Aber dann macht es plötzlich, ausgelöst durch einen Entwicklungsschub, einen Sprung nach vorne. Dabei ist das Tempo der Entwicklung, d.h. die Länge der einzelnen Stadien und Phasen ganz unterschiedlich. Daher ist es erforderlich, Kindern – auch in Gruppen – ganz individuelle Anregungen zu geben, also in den Gruppen stark binnendifferenziert zu arbeiten.

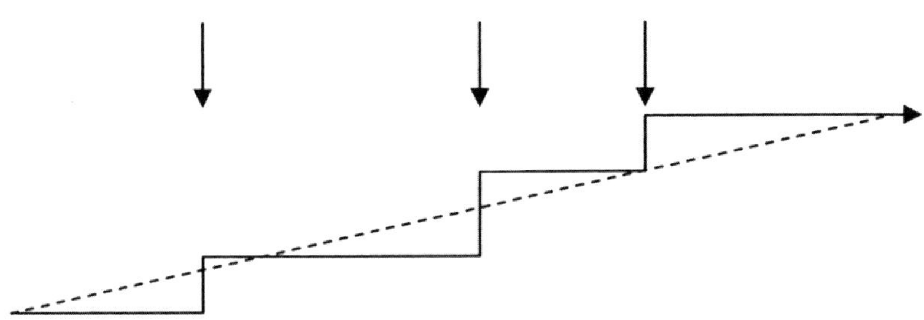

Abb. 9.3
Die kognitive Entwicklung verläuft nicht linear (- - - - - -), sondern in kognitiven Sprüngen (→). Entscheidend sind dabei die pädagogischen Interventionen am Beginn einer neuen kognitiven Stufe (↓).

Mit dem Erreichen eines neuen kognitiven Stadiums ändert sich die Form der pädagogischen Intervention oder Anleitung. Um Kindern im Stadium der Imitation bewusst zu machen, was „gleich" und was „verschieden" ist, imitiert der Lehrer zunächst das Kind und passt sich seiner Tonalität oder seinem Tempo an, damit sich zunächst eine bestimmte Tonalität und das Tempo eines regelmäßigen Metrums festigen kann. Mit Eintritt der Fähigkeit zur Koordination gibt dagegen der Erwachsene Tonart und Tempo vor, bzw. hält sie strikt ein in der Erwartung, dass sich das Kind dem anpasst und es so zu einer simultanen Koordination kommt.
Methodisch ergeben sich daraus die folgenden zentralen Arbeitsgrundsätze:

1. Im Mittelpunkt frühkindlicher musikalischer Unterweisung stehen immer die musikalischen Phänomene, d.h. den Kindern werden Lieder, Melodien, Reime, Sprechverse und Rhythmen dargeboten und nicht Spiele gemacht oder Geschichten erzählt. Es soll alles unterlassen werden, was die Aufmerksamkeit von dem eigentlich musikalischen Ereignis ablenkt.
2. Dabei geschieht die Darbietung non-verbal und sind alle vokalen Äußerungen expressiv und kommunikativ.
3. Kinder sollen besonders in der Phase der Akkulturation (aber auch später) eine große Vielfalt an musikalischen Strukturen kennen lernen, wobei sich die Erzieher um eine ausgewogene Balance zwischen Wiederholung und Variation/Innovation bemühen.

4. Neben Liedern, Melodien und Rhythmen kann man „Patterns" (Muster, Bausteine) verwenden, die die Funktion musikalischer „Wörter" einnehmen, die man hört und „sprechen" lernt.
5. Damit Kinder *entweder* auf die Tonhöhe *oder* auf die Tondauern achten, sind bei den Patterns Melodie und Rhythmus zu trennen, d.h. am Anfang werden Kindern Rhythmen ohne Tonhöhe, melodische Patterns ohne Rhythmus vorgestellt.
6. Damit Kinder Gleiches als gleich erkennen können, müssen gleiche Melodien und Rhythmen immer gleich (d.h. in der gleichen Tonart bzw. im gleichen Tempo und Metrum) dargeboten werden. Denn schon eine Transposition um mehr als 3 Halbtonschritte lässt eine Melodie für kleine Kinder als „anders", „fremd" oder „verschieden" erscheinen.
7. Vor allen stimmlichen Aktivitäten (singen, sprechen, deklamieren), zu denen wir die Kinder auffordern, müssen wir tief Atem holen, damit sich das Kind beim Einatmen auf die zu singende Tonfolge oder den zu sprechenden Rhythmus einstellen, ihn auditieren kann. Daher soll die Audiations-Pause kürzer sein als das innere Nachsingen der Phrase erfordert, weil sonst imitiert, aber nicht auditiert wird.
8. Jedes Kind folgt seinem eigenen Lerntempo. Daher braucht es Zeit, damit sich neue Lernwege festigen, d.h. neue synaptische Verbindungen wachsen können. Dies erfordert in der Gruppenarbeit gleichzeitig eine klare Binnendifferenzierung. Jedes Kind erhält die Lernanregungen, die es im gegenwärtigen Moment seiner Entwicklung braucht.

Die Sequenz der Lernschritte nach Gordons Lerntheorie kann in einer Lern-Pyramide dargestellt werden, auf der man sich aufwärts und abwärts bewegen kann. Ist die Stufe, auf der ein Erzieher gerade arbeitet, für ein Kind noch zu schwierig, wird er für dieses Kind eine Stufe zurückgehen.

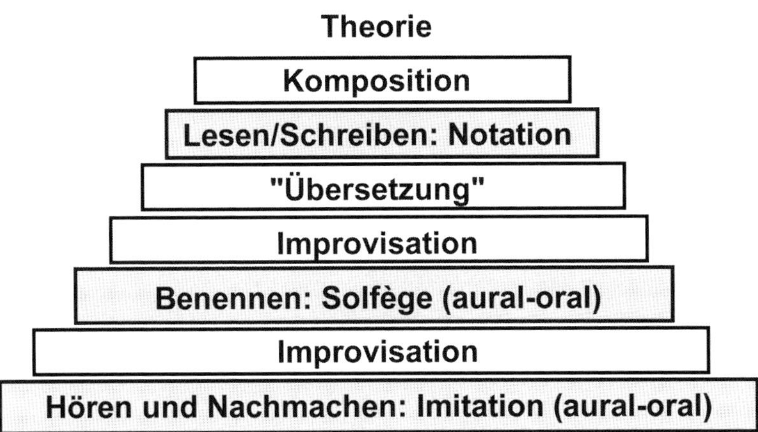

Abb. 9.4
Die Abfolge der verschiedenen Lernschritte kann als Pyramide vorgestellt werden. Die grau unterlegten Kästen bezeichnen Stufen unterscheidenden Lernens; die weißen Kästen zeigen Stufen an, auf denen selbstorganisiertes, inferentielles Lernen stattfindet. „Übersetzung" kennzeichnet den Vorgang, bei dem neutrale Silben gehört und selbständig in Solmisationssilben übertragen werden. Auf der obersten Stufe der Theorie wird das praktisch erworbene Wissen systematisch geordnet.

Kapitel 10

Musikalische Früherziehung
Informelle Unterweisung oder formeller Unterricht?

In der praktischen Arbeit hat sich der Bereich der Musikalischen Früherziehung, der einst mit den Früherziehungsprogrammen an Musikschulen für Vorschulkinder ab dem dritten Lebensjahr gleichzusetzen war, heute deutlich gewandelt. Musikalische Früherziehung hat sich dabei vor allem den ersten Lebensjahren ab der Geburt zugewendet und reicht von Eltern-Kind-Gruppen, formellen und informellen Früherziehungsprogrammen an Bildungsinstitutionen (Kindergärten, Kindertagesstätten, Horten etc.) bis hin zu privaten, kommerziellen, kirchlichen und sozialen Einrichtungen.[133] Musikalische Früherziehung ist heute zu einem wichtigen Bereich der allgemeinen Bildung geworden. Es gibt kaum eine Kulturinstitution (Musiktheater, Orchester, Stiftungen), die nicht Angebote für Kinder bereithält und damit einem Trend folgt oder die Zeichen der Zeit erkannt hat.[134] Das Bildungsangebot scheint dabei auf den ersten Blick sehr vielschichtig zu sein, reduziert sich methodisch jedoch schnell auf ähnliche Formen der kindlichen Musikpräsentation und des gemeinsamen Singens und Spielens. Verschiedene *pädagogische* Ansätze und *lerntheoretische* Konzeptionen sind kaum zu finden; vielen Formen des reichen Kursangebots fehlt überhaupt ein klares Lernkonzept.

So vielgestaltig wie das Angebot der Kommunen und Institutionen ist auch die Ausbildung der Lehrerinnen und Lehrer für den Bereich der Musikalischen Früherziehung, ein Fach, das lange als Zusatzfach im Schatten der Rhythmik stand und sich erst in letzter Zeit im größeren Rahmen der Elementaren Musikpädagogik (EMP) neu definiert hat. Die Ausbildung der Erzieherinnen und Erzieher an Kindertagesstätten, für die es in den meisten Bundesländern neue Bildungspläne gibt, ist im Umbruch. Die alte 4-semestrige Ausbildung an Fachschulen für Sozialpädagogik dürfte den Anforderungen an eine qualifizierte Anleitung zum Musiklernen und für eine sachgerechte Einbindung der Musik in den Bildungsplan kaum mehr genügen. Heute bieten daher Pädagogische Hochschulen und Musikhochschulen „Musikalische Früherziehung“ im Rahmen der Elementaren Musikpädagogik grundständig als eigenen künstlerisch-pädagogischen Studiengang (8 Semester) mit dem Abschluss eines *Bachelor of Music* (BM), als 6-semestrigen Bachelor-Studiengang (BA) oder als 4-semestriges Aufbaustudium mit dem Ziel eines *Master of Music* (MM) an. Die Uneinheitlichkeit der Ausbildungsstrukturen setzt sich dann in der Disparatheit der inhaltlichen Konzeption und praktischen Umsetzung fort.

So erfreulich die vielen Initiativen und Angebote sind, so kritisch muss man aber auch die zuweilen unkontrollierte Beliebigkeit eines unglaublich wachsenden Marktes an Musikkursen für Säuglinge und Kleinkinder beobachten, die heute im Trend liegen. Es spricht alles dafür, Kindern früh die Anregungen zukommen zu lassen, die ihren Neigungen und ihrem Potential entsprechen. Selbst ganz kleine Kinder können schon sehr früh zeigen, wenn sie von Klang und Rhythmus besonders angesprochen werden. Dies gilt es dann verantwortungsvoll und fachlich abgesichert zu unterstützen. Andererseits muss man aber auch die Gefahren zu früher und zu starker Überreizung sehen, wenn schon kleine Kinder in eine Leistungsförderung mit Aktivitäten in Musik, Sport, Tanz etc. eingebunden werden. Gerade bei der Musik wird immer wieder auf mögliche kognitive Nebeneffekte[135] hingewiesen, die sich seriös aber nicht als langfristige und dauerhafte Wirkungen bestätigen lassen.

Auch die Fixierung auf die ersten drei Jahre ist problematisch. Weder ist mit dem enormen Synapsenwachstum in dieser Zeit alles zu erklären, noch bedeutet dies, dass Lernen *nur* in diesen Jahren optimal gefördert werden kann.[136] Das menschliche Gehirn und menschliches Streben nach Wissen und Können sind auf lebenslanges Lernen programmiert; wir lernen immer und überall. Allerdings hat jeder an sich selbst erfahren, dass das Lernen in jungen Jahren anders, einfacher, spielerischer verläuft als später. Lernen in den ersten Lebensjahren ist völlig normal und fordert die Gesellschaft zur Schaffung gleicher Bildungschancen gerade für bildungsferne Schichten heraus. Musik-, Sport- und andere Kursangebote für Kleinkinder schaden auch nicht, wenn sie ohne Stress und Leistungsdruck das natürliche Bedürfnis nach Spiel, Klang, Bewegung etc. unterstützen. Aber aus der Neurobiologie wissen wir eben auch, dass Ruhephasen zur Konsolidierung des neu erworbenen Wissens und Könnens notwendig sind (vgl. Kapitel 6).[137] Auch Kinder können nicht unentwegt lernen und sollen nicht rastlos mit unterschiedlichen Informationen und Angeboten überhäuft werden. Wir können im Alltag beobachten, wie Kinder zuweilen einfach nur dasitzen und in sich versunken „dösen“. Sie tun dann nicht nichts, sondern geben ihrem Gehirn die Ruhe, die es zur Konsolidierung braucht, damit sich das, was sie zuvor gemacht, erfahren oder gelernt haben, setzen kann.

Schließlich ist auch ein ethischer Aspekt in unsere Überlegungen einzubringen, wenn man an die schon ganz früh einsetzende Begabungs- oder Hochleistungsförderung denkt. Natürlich kann man bei rechtzeitigem Beginn in Sport, Tanz (Ballett) oder Musik begabte Kinder zu Höchstleistungen führen. Aber man muss dabei auch bedenken, dass das Lernen einer Sache immer zu Lasten des Lernens von etwas Anderem geschehen kann. Zum einen stehen die entsprechenden neuronalen Ressourcen, die durch eine Tätigkeit (z.B. Sport) erheblich ausgeweitet werden, dann für eine andere Tätigkeit (z.B. Musik) nicht mehr zur Verfügung. Das gleiche gilt ebenso für das vorhandene Zeitbudget. Die Stunden, die ein Kind beim Üben am Instrument verbringt, hat es nicht mehr für andere Tätigkeiten. Nun ist nichts gegen das Üben zu sagen, das absolut notwendig ist; aber man muss eben auch verantwortlich entscheiden, wie früh die Leistungsorientierung einsetzen sollte, weil mit der Förderung auf einem Gebiet die Förderung anderer Potentiale vernachlässigt oder unterdrückt wird. Die Frage lautet daher, wie früh man ein Kind auf eine einzige Tätigkeit hin (z.B. Klavierspielen) durch intensives Training festlegen darf, ohne die Möglichkeit zu versäumen, auch andere Potentiale zu entfalten. Dies ist eine zutiefst bildungsethische Frage, auf die es, wenn überhaupt, keine einfachen Antworten gibt.

Wenn wir hier die neurobiologischen und lerntheoretischen Grundlagen frühen Musiklernens dargestellt haben, dann geschah das in der Überzeugung, dass musikalische Erfahrungen nicht unbedingt mit Leistung verbunden sein müssen, sondern dass es vielmehr um eine Einführung und Anleitung geht, Musik Kindern erfahr- und erlebbar zu machen. Donata Elschenbroich hat daher Musik auch zu dem Kanon gerechnet, der notwendig zum Weltwissen von Kindern gehört. Dazu zählt sie die Erfahrung mit der eigenen Stimme und möglichst auch mit einem Instrument, den Umgang mit Lärm und Stille sowie das Erlebnis von Bewegung und Rhythmus. Es gilt, die Empfänglichkeit der Kinder für das, was Musik mitteilt oder mitteilen kann, aufzuschließen. Das übersteigt aber reine Beschäftigung als Spaß und Unterhaltung ebenso wie musikalisches Hirnjogging zu anderen Zwecken oder übersteigerte Leistungseuphorie. Musikvermittlung wird vielmehr zu einer herausfordernden pädagogischen Anstrengung. „Der munter harmlose Umgang mit Musik ist eine Beleidigung der Musik und der Kinder. Nur das ganze Kind kann etwas wissen, und nur die ganze Musik ist Musik."[138]

Mit unseren Überlegungen wollen wir daher einem leistungsorientierten formellen Unterricht die *informelle Anleitung* gegenüberstellen. Kinder brauchen nicht frühen Unterricht, sondern kindgerechte Anleitung. In den Arbeitshilfen für Eltern-Kind-Gruppen hat Maria Rebhahn vier Antworten auf die Frage nach den Absichten früher musikalischer Beschäftigung gegeben. Es geht ihr dabei

– um die Begegnung bzw. Verbindung von Mensch und Musik;
– um die Gesamtentwicklung des Kindes und darum, das musikalische Potential des Kindes zu erhalten und zu entfalten;
– um Freude, Kreativität und Beziehung;
– um Liebe zum Kind.[139]

Mit keinem Wort sind dabei Fähigkeiten und Fertigkeiten erwähnt, die in Verbindung mit Leistung gebracht werden könnten, auf die aber formeller Unterricht gerichtet ist. Informelle Unterweisung kommt ohne verbale Erklärung und systematische Übung aus. Vielmehr dient sie der Begegnung von Kind und Musik mit vielfältigen Angeboten von Musik der eigenen und der fremder Kulturen, von Musik verschiedener Stile und Epochen, Formen und Gattungen, Tonalitäten und Metren. In den Kindergruppen wird eine anregende und die Kinder zu musikalischen Aktivitäten inspirierende Umgebung geboten. Als musikalische Inhalte dienen dabei Melodien und Lieder, Rhythmen und Verse sowie melodische und rhythmische Übungspatterns. Der eigene Körper und die Stimme bilden die Modi der Erfahrung. Tücher, Bälle, Reifen, Seile und andere Materialien werden benutzt, um fließende oder pulsierende Bewegungen auszulösen oder zu unterstützen, damit der Fluss der Zeit und das Gewicht des Pulses unmittelbar körperlich erfahren werden kann. Am günstigsten ist eine Lernumgebung, in der es Neues zu entdecken, Klänge zu erproben und den eigenen Körper zu erfahren gibt.

Die auf dieser Grundlage entwickelte Form frühkindlicher Musikanleitung ist explizit einem bestimmten Lernbegriff verpflichtet (siehe Kapitel 6) und darauf gerichtet, Lernangebote zu machen, die entwicklungspsychologisch strukturiert sind und einem klar definierten lerntheoretischen Konzept folgen. Beides – das klare lerntheoretische Konzept und das offene Beziehungsangebot – schließen sich dabei nicht nur nicht aus, sondern bedingen einander. Denn erst auf lerntheoretisch abgesicherter Grundlage kann die methodische Freiheit entstehen, verbindliche Musikangebote zum Erkunden und zum Lernen in dem hier beschriebenen Sinn zu machen, über die man sich selbst und den Eltern Rechenschaft ablegen kann und die Kindern Freude und Befriedigung geben. Das erfordert aber auch eine Ausbildung von Erzieherinnen und Erziehern, die lernpsychologisches Wissen mit musikalischem Können verbinden und beides in ihre Früherziehungsarbeit einbringen können.

Kapitel 11

Einstieg in den ersten Instrumentalunterricht

In einem Rückblick auf den eigenen ersten Instrumentalunterricht berichtet Peter Röbke:

> Die Hohmann-Heim-Violinschule, nach der ich um 1965 die ersten geigerischen Schritte tat, verlangte als Erstes: Lerne die Noten! Dann gab mir mein Lehrer eine Fülle von Anweisungen, wie Instrument und Bogen zu halten und die korrekten Spielbewegungen auszuführen seien. Damit ich mich daran auch zu Hause erinnern konnte, bot die Violinschule die Möglichkeit, die Abbildungen eines ‚mustergültig' spielenden Herrn im Frack zu betrachten. Schließlich ging es an die eigentliche Arbeit: Die Ausführung von Übungen und die Reproduktion von liedähnlichen Gebilden, wobei auf die Übereinstimmung von Noten und Tönen zu achten war.[140]

Es wäre zu wünschen, dass sich heutige Leser nicht mehr an ähnliche Situationen in ihrem Anfangsunterricht erinnern. Auch ist die alte Hohmann-Heim Violinschule längst aus dem Repertoire an Violinschulen verschwunden und hat moderneren didaktischen Konzepten mit graphisch ansprechenden Darstellungen und spielerischen Anregungen Platz gemacht.

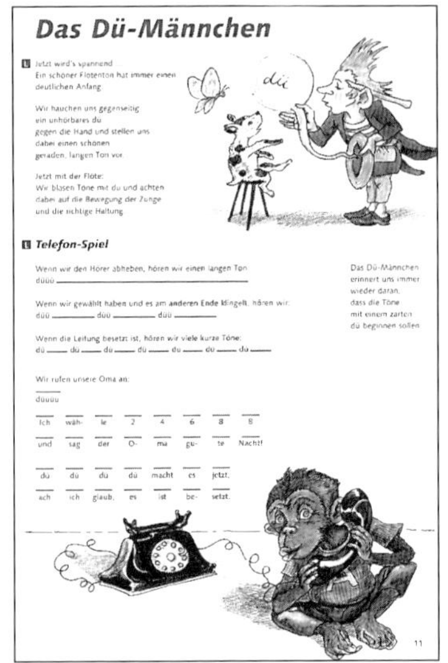
Das Dü-Männchen

Jetzt wird's spannend ...
Ein schöner Flötenton hat immer einen deutlichen Anfang.

Wir hauchen uns gegenseitig ein unhörbares dü gegen die Hand und stellen uns dabei einen schönen geraden, langen Ton vor.

Jetzt mit der Flöte:
Wir blasen Töne mit dü und achten dabei auf die Bewegung der Zunge und die richtige Haltung.

Telefon-Spiel

Wenn wir den Hörer abheben, hören wir einen langen Ton
düüü ______

Wenn wir gewählt haben und es am anderen Ende klingelt, hören wir:
düü ___ düü ___ düü ___

Wenn die Leitung besetzt ist, hören wir viele kurze Töne:
dü __ dü __ dü __ dü __ dü __ dü __ dü __

Wir rufen unsere Oma an:

düüüü

Ich wäh- le 2 4 6 8 8
und sag der O- ma gu- te Nacht!

dü dü dü dü macht es jetzt,
ach ich glaub, es ist be- setzt.

Das Dü-Männchen erinnert uns immer wieder daran, dass die Töne mit einem zarten dü beginnen sollen

11

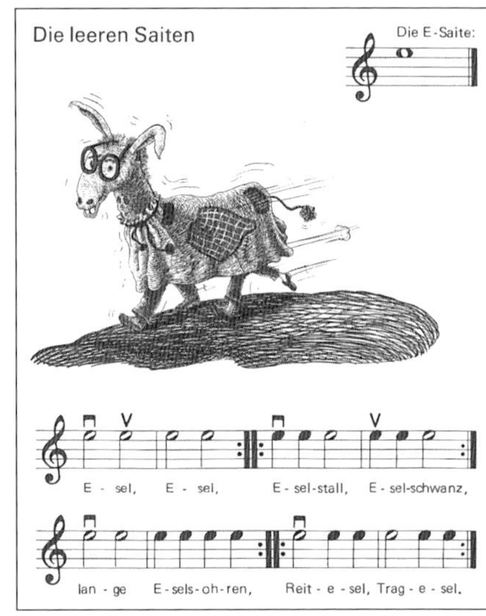

Abb. 11.1
Links aus: *Spiel und Spaß mit der Blockflöte 1* (ED 7770), Mainz 1995, S. 11. (Mit freundlicher Genehmigung des Musikverlags B. Schott's Söhne).
Rechts aus: Egon Saßmannshaus: *Früher Anfang auf der Geige*, Bd. 1 (BA 6601), Bärenreiter-Verlag Karl Vötterle, Kassel 1976, S. 6. (Mit freundlicher Genehmigung des Bärenreiter-Verlags).

Den richtigen Blockflötenansatz soll ein „Telefonspiel" vermitteln, das geeignet ist, beim „dü – dü" die Zunge und Lippen richtig zu formen, den Luftstrom gestützt hervorzustoßen und daran zugleich auch Spaß und Freude zu haben. Die E-Saite der Geige wird als Gedächtnishilfe zur „Esel-Saite", auf der man nun aber nicht „I-aaa!" ruft, sondern rhythmische Bogenübungen macht. Und damit man auch die Töne richtig trifft, markiert man die Fingerstellung auf dem Griffbrett mit einem Klebeband (Abb. 11.2). Die Entscheidung für visuelle Hilfen und die Orientierung an manuellen Mustern (Griffarten, Fingersätzen) ist vermeintlich erfolgsorientiert, denn sie führt zu schnelleren Ergebnissen. Aber führt dies langfristig auch zu sauberer Intonation, wenn nicht das Ohr die Finger kontrolliert?

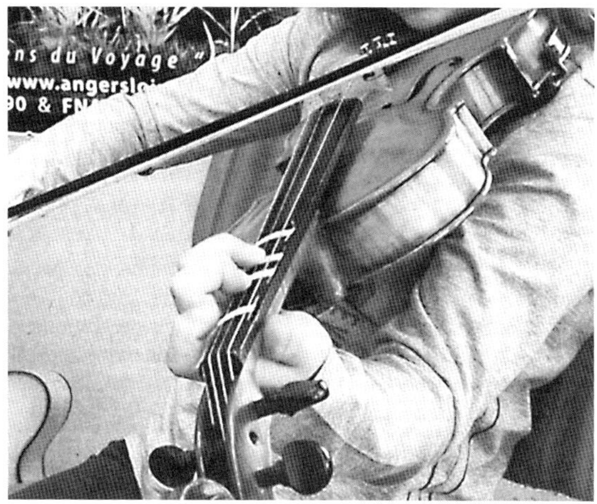

Abb. 11.2
Zur Orientierung der Position der Finger werden optische Markierungen auf dem Griffbrett angebracht, anstatt das Ohr entscheiden zu lassen, ob die Finger am richtigen Ort stehen. Badische Zeitung, 24.11.2009. (Mit freundlicher Genehmigung des Verlages, Foto Ingo Schneider).

Solcherart didaktisch motivierte Hilfsmittel sollen die richtige Handhabung eines Instruments unterstützen und die instrumentalspezifische Spieltechnik verbessern. Aber die lernpsychologische Frage, die sich dabei stellt, betrifft die Intention solchen Handelns: geht es im Unterricht um die Technik und Mechanik der Handhabung eines Instruments oder um musikalische Darstellungsmittel? Natürlich hängt beides unmittelbar zusammen, aber lernpsychologisch wäre zu klären, ob sich musikalisches Tun erst auf der Grundlage technischer Fertigkeiten (richtige Bogenhaltung und Fingerstellung, korrekter Ansatz und Atemstütze etc.) erreichen lässt oder ob beides gleichzeitig ineinandergreift und zusammen erlernt werden kann. Elementhaft synthetische Verfahren, bei denen komplexe Zusammenhänge in einzelne Lernschritte aufgelöst, einzeln geübt und dann zusammengesetzt werden, spielen in der Pädagogik eine wichtige Rolle. Der entscheidende Punkt ist aber, ob die didaktische Intention dabei auf eine musikalische oder auf eine mechanisch technische Bewältigung gerichtet ist.

Schon Heinrich Jacoby hat in seinen Vorträgen in den 1920er Jahren immer wieder darauf hingewiesen, dass Kinder sprechen nicht durch Vorzeigen von Wörtern oder das Benennen von Buchstaben lernen, erst recht nicht durch die Erklärung von Zungen- und Lippenbewegungen, sondern durch Zuhören und das eigene Sprechen.[141] Aber beim instrumentalen Lernen steht oft noch das Notenlernen an prominenter Stelle (siehe Röbke). Jacoby bemerkte schon 1922:

> Mit selten rühmlichen Ausnahmen beginnt man den [Instrumental]-Unterricht mit der Benennung der Noten. Und das Notenlesen-Lernen geschieht bereits auf einem völlig mechanistischen Weg, indem man bestimmte Orte im Liniensystem benennt.... Das ‚Ohr' aber hat bei der ganzen Musiziererei nichts anderes zu tun, als *hinterher durch die Finger* zu erfahren, was auf dem Papier steht.[142]

Dabei müsste es eigentlich genau anders herum geschehen, dass nämlich die Augen die Noten als Klänge lesen und so dem Ohr mitteilen, was erklingen soll, damit es dann den Fingern „sagen" kann, welche Töne sie greifen sollen.

Die Instrumentalpädagogik hat sich diese Kritik natürlich zueigen gemacht und sich seit Jacoby deutlich weiterentwickelt. Eigenes Experimentieren und Improvisieren ohne Noten hat durchaus eine wichtige Stellung im Unterricht erhalten. Daher sei hier noch einmal der Wert der Selbsterfahrung aus lernpsychologischer Sicht betont. Lernen im Sinne der Aneignung durch Üben kann man physiologische Abläufe, bestimmte Techniken und motorische Vorgänge. Die Bildung musikalischer Vorstellungen im Hinblick auf die musikalische Gestaltung (Wie höre ich eine melodische Phase? Wie soll sie klingen?) erfordert Erfahrungen, die man nur selber machen, nicht übernehmen kann. Dabei kommen ebenso emotionale wie expressive Qualitäten ins Spiel, die jeder musikalischen Äußerung eigen sind. Die im musikalischen Bewusstsein heranreifende Vorstellung vom Klang, den man mit einer bestimmten Ausdrucksgeste verbinden möchte, leitet dann auch letztlich die Bewegung, die nötig ist, um diese Vorstellung zu realisieren. Kurz und vereinfacht gesagt: die (innere) Emotion schlägt sich in der (äußeren) Motorik nieder.

> Beim Unterricht einer kleinen Geigenschülerin ertappte ich mich, dass ich ständig korrigierte, verbesserte, erklärte, anwies und zeigte, bis ich selber genervt aufgab, weil alles keinen Erfolg zeigte. Also beschloss ich

(fest davon überzeugt, ein geigerisch unbegabtes Kind vor mir zu haben), dass wir nur noch miteinander musizierten; die Haltung und folglich die Intonation konnte ich meiner Meinung nach sowieso nicht ändern. Monate später, als Gast in einem instrumentalpädagogischen Methodik-Seminar, zeigte ich einen kleinen Ausschnitt aus einem damals aufgenommen Video-Film zur Demonstration improvisatorischen musikalischen Kommunizierens. Beim aufmerksamen Betrachten des Films wurde ich gewahr, dass das Mädchen nun eine durchaus passable Geigenhaltung und Bogenführung zeigte und recht sauber intonierte.

Was war geschehen? Die Schülerin hatte angefangen, ihrem Ohr und ihrer Klangvorstellung zu folgen, die sich am Ton des Lehrers orientierte. Die wiederholte Bewegungskorrektur lenkte die gesamte Aufmerksamkeit von den Tönen ab und richtete sie auf den Bewegungsablauf oder die Fingerstellung. Das führte notgedrungen zu Verspannungen und Blockaden, die erst aufgelöst werden konnten, als die Aufmerksamkeit von der Fehlstellung des Körpers (als Ursache) auf den erwünschten Klang (als musikalischer Zielvorstellung) gerichtet wurde. Die Fokussierung auf eine motorische Dysfunktion (z.B. steifer Ellenbogen, verspannte Schulter etc.) verstärkt in der Regel das Problem, während die Abwendung davon hin zu einer Zielvorstellung eher weiterhilft.

Derartige Beispiele zeigen, dass es beim Erlernen eines Instruments immer um das Erlernen von Musik gehen sollte; dass Instrumentalunterricht also immer Musikunterricht und nicht „auch" Musikunterricht ist. Daher stellt sich auch nicht die Frage nach einer eigenen Lerntheorie für den Instrumentalunterricht im frühern oder fortgeschrittenen Alter. Denn es gelten die in den vorangehenden Kapiteln ausgeführten Prinzipien des Lernens ohne Einschränkung auch für das musikalische Lernen mit dem Instrument. Dieses stellt ja nur eine Extrapolation und damit zugleich Erweiterung des körpereigenen Instruments „Stimme" dar. Das Gehirn oder der Körper lernt, indem die körperlich erfahrenen Erregungsmuster zu mentalen Repräsentation oder inneren Vorstellungen führen, die dann die Ausführung einer Melodie, eines Rhythmus, eines Musikstücks bestimmen. So wie man eine Geschichte erst gestaltend mit allen Spannungsbögen auf die Pointe hin erzählen kann, wenn man sie bereits im Kopf hat (musikalisch gesprochen: sie auditieren kann), so kann man eine musikalische Phrase nur gestalten, wenn man sie sich innerlich vergegenwärtigen und mit allen Mitteln vokaler Gestaltung (Phrasierung, Atem, Dynamik) singen kann. Nicht der Lehrer bestimmt, ob ein Schüler eine Stelle mit Auf- oder Abstrich beginnt, sondern die Art und Weise, wie der Schüler diese Stelle „hört", wie er sie sich innerlich vorstellt, legt zu deren Verwirklichung die Strichart fest. Das kann man auch rudimentär und umständlich beschreiben, am einfachsten kann man die Vorstellung aber singend ausdrücken.

In seinen „Philosophischen Untersuchungen" hat Ludwig Wittgenstein auf den Unterschied von Wissen und Sagen hingewiesen, dass man zwar *sagen* könne, wie hoch der Mont-Blanc sei, dass man jedoch nur *wissen*, aber nicht sagen könne, wie eine Klarinette klinge.[143] Das ist, was ich immanentes oder genuines Wissen nennen möchte, weil sich z. B. der Klang eines Instruments oder die Funktion eines Akkords nicht außerhalb des Systems der Musik selber aussagen lässt. Und genau darauf, genuin musikalisches Wissen und Können zu erzeugen, kommt es beim Musiklernen an, unabhängig davon, ob es um allgemeines oder instrumentenspezifisches Wissen geht.

In dieser Hinsicht bestehen auch keine prinzipiellen Unterschiede hinsichtlich des Zeitpunkts (Kindheit, Jugend, Erwachsenenalter), wann man mit dem Lernen beginnt. Betrachtet man die Entwicklung der Schülerzahlen an Musikschulen, so zeigt sich eine deutliche Zunahme bei Erwachsenen, die mit dem Instrumentalspiel beginnen. Von 1982 hat sich der Anteil von 4,8% auf 11,4 % bis zum Jahr 1998 kontinuierlich erhöht.[144] Die musikalische Erwachsenenbildung hat dabei zugleich neue pädagogische Herausforderungen mit sich gebracht. Denn mit der Zunahme der Altersgruppe erwachsener Einsteiger in den Instrumentalunterricht hat sich auch die Motivationslage dieser Schüler verändert: Erwachsene haben nicht mehr den Ehrgeiz, an Wettbewerben teilzunehmen oder musikalische Hochleistungen zu vollbringen, um eine entsprechende Karriere zu machen. Sie möchten natürlich auch Leistungen erzielen, die aber eher der ursprünglichen Absicht menschlichen Musizierens folgen und mehr im Bereich sozialer Aktivitäten und emotionaler Erfüllung liegen.

Vielleicht täte es auch dem Einstieg in den frühen Instrumentalunterricht gut, sich nicht allein vom Leistungsgedanken leiten zu lassen, sondern sich wieder stärker den primären Zielen des Instrumentallernens zuzuwenden. Denn man darf sicher annehmen, dass ein Kind, wenn es den Wunsch äußert, ein Instrument spielen zu lernen, das Bedürfnis hat,

Musik zu machen, die es gerne mag, und dieses Tun mit anderen zu teilen. Nicht eine mess- und vergleichbare Leistung ist das Motiv zum Instrumentalspiel, sondern eine Befindlichkeit in Bezug auf den eigenen musikalischen Ausdruck. Die Leistungspyramide, an der sich unser Bildungssystem so gerne orientiert, nimmt in Kauf, dass, um zur Spitze zu gelangen, Verluste auf dem Weg dorthin entstehen (Abbrecher, *drop outs*). Menschliche Lernaktivitäten sollten aber nie zu Verlusten führen, weil jeder Mensch ein Potential zum Lernen hat, das wir Begabung nennen. Wenn man das im Blick behält, sind Verluste nicht hinnehmbar. Die Lerntheorie, die das allgemeine Lernstreben zum Gegenstand hat, bietet strukturelle Modelle und theoretische Erklärungen, damit Lernen besser gelingen kann.

Instrumentalpädagogik muss also wieder Musik- und Musizierpädagogik im umfassenden Sinn werden, bei der Quer- und Späteinsteiger ebensowenig Störfaktoren sind wie Kinder, die einfach nur mit anderen zusammenspielen und auf dem je erreichten Niveau Musik machen möchten.[145] Instrumentales Musizieren und musikalisches Lernen sind dabei eng miteinander verwoben[146] und bedingen sich gegenseitig. Das gemeinsame Musizieren wird so selber zum Lernvorgang, und alles, was dabei instrumental gelernt wird, kann unmittelbar in der Musizierpraxis eingesetzt und erweitert werden. Das heißt, dass musikalisches Lernen, wie wir es hier beschrieben haben, immer einen Ernstfall bedeutet, bei dem Qualitäten der musikalischen Expression und Kommunikation von Anbeginn an im Mittelpunkt stehen, so wie es auch beim frühkindlichen vokalen Lernen geschieht. Dabei ist vom komplexen Musikstück (der „originalen Begegnung“ im Sinne Heinrich Roths) anstelle einer didaktisch zugerichteten Übung auszugehen. Dabei sollte aber das Üben spieltechnischer Fertigkeiten nie den Zusammenhang mit dem Musikstück verlieren, zu dessen Ausdrucksbewältigung sie beitragen. Das Beispiel des venezolanischen „Sistema“[147] hat vorgeführt, wie Kinder von dem ersten Moment an, in dem sie ein Instrument in die Hand nehmen, im Orchester mitspielen und von älteren angeleitet werden. Es geht wie beim Sprechen darum, dem inneren Mitteilungsdrang und Ausdrucksbedürfnis als stärkstem Motiv des Lernens zu folgen und das Instrument als Mittel eigenen Ausdrucks zu verstehen und nicht vorrangig als technische Übung oder Leistungsziel einzusetzen.

Im Sinne der Lerntheorie vollzieht sich instrumentales Lernen nach den gleichen Prinzipien, die für den Aufbau des musikalischen Denkens gelten (siehe Kapitel 7 bis 9). Die Entwicklung des „inneren“ Instruments,[148] das eng an die Fähigkeit zur Audiation geknüpft ist, sollte dabei der technischen Bewältigung instrumentaler Abläufe vorausgehen. Methodisch ist dazu das Lernen in Gruppen sinnvoll, weil hier verschiedene Lernebenen zusammenwirken können und Kinder gemeinsam improvisieren und musizieren können, wobei rhythmische Kettenspiele (wie beim Domino greift der nächste immer den letzten Takt des vorigen Kindes auf und führt den Rhythmus weiter), Rondo-Formen (mit gemeinsamen Refrains und individuellen Couplets) und gemeinsames melodisches Improvisieren über einem einfachen harmonischen Schema entstehen. Lerntheoretisch bedeutsam ist dabei, dass sich in gemischten Gruppen immer Kinder befinden, die schon weiter sind und daher mit ihrem Können als Vorbild dienen können. Denn Menschen brauchen Vorbilder und Ideen, denen sie folgen können. Einer Antoine de Saint Exupéry zugeschriebenen Äußerung nach sollte man den Menschen, die man dazu anleiten möchte, ein Boot zu bauen, nicht Bretter, Hammer und Nägel in die Hand geben, sondern in ihnen vor allem „die Sehnsucht nach dem Meer" wecken. So müssen auch Lernende die Musik, die sie hervorbringen möchten, immer wieder in künstlerisch ansprechender Weise hören, damit sie Leitbilder bekommen, denen sie nachstreben können, bevor wir ihnen Anweisungen und Regeln geben.

Das zum Instrumentalunterricht gehörende unerlässliche Üben erhält von hier aus einen neuen Sinn. Über professionelle Übestrategien von der *deliberate practice* (dem kontrollierten und funktionell gesteuerten Üben) bis zu Techniken des mentalen Trainings ist viel geforscht und veröffentlicht worden.[149] Peter Röbke stellt die Form „forschenden Übens", das eine grundsätzlich veränderte Haltung gegenüber dem übenden Subjekt (dem Schüler) und der zu übenden Tätigkeit einnimmt, dem „repressiven Üben" entgegen, das sich dem Diktat der vom Musikbetrieb geforderten Leistung beugt.[150] Forschendes Üben verfolgt ein musikalisches Ziel und dient der Erkundung und Erprobung gestalterischer Möglichkeiten – allein beim Üben zu Hause wie zusammen mit einem Lehrer im Unterricht. Üben heißt dann, eine eigene musikalische oder künstlerische Haltung gegenüber dem „Stück" zu finden.

Lernpsychologie und Lerntheorie können Grundlagen zum besseren Verständnis der dazu notwendigen Grundlagen vermitteln. Den Weg (die Methode) muss jeder für sich finden und gehen. Gerade der Einstieg in den Instrumentalunterricht ist von Haltungen geprägt und prägt Haltungen, die Lernende am und mit dem Instrument der Musik gegenüber einnehmen. Die Aufgabe des Instrumentallehrers ist es dabei, *Musik* zu vermitteln und dabei *Lernen* zu ermöglichen.

Anmerkungen

[1] Laut Mitteilung in dem *Gesundheitsblatt – Gesundheitsforschung – Gesundheitsschutz* 5/6, 2007, S. 827–835, lag der Anteil der bundesweit diagnostizierten ADHS-Fälle bei 4,8% der Kinder und Jugendlichen, wozu noch einmal 4,9% als Verdachtsfälle hinzukommen.

[2] R. Murray Schafer (1971): die klangwelt in der wir leben, Wien: Universal Edition, S. 5.

[3] Nach R. Landon: J. Haydn. Sein Leben in Bildern und Dokumenten, Wien 1981, S. 92. Hier meint „die ganze Welt" natürlich nur die westliche Welt der abendländischen Kultur; anderes wäre Haydn gar nicht in den Sinn gekommen.

[4] In Murray Schafer, 1971, S. 6.

[5] Vgl. dazu Mihaly Csikszentmihalyi, der derartige Zustände, wenn Menschen ganz in einer Tätigkeit aufgehen und von ihr durch und durch erfüllt werden, als „flow"-Erlebnis beschrieben hat (Csikszentmihalyi, 1985).

[6] Steven Pinker hat Musik mit einem hörbaren Käsekuchen (*auditory cheesecake*) verglichen, der zwar gut schmecke und auch nahrhaft sei, aber zum Leben nicht zwingend gebraucht werde (Pinker, 1994).

[7] Darwin, 1871/1981 und danach Mithen, 2005; Wallin, 2000; Wallin et al., 2000.

[8] Cross, 2008, 2009; Cross & Morley, 2008.

[9] Epigenetische Effekte betreffen Zelleigenschaften, die zusätzlich zu den Vorgängen der Genetik vererbt werden, aber nicht durch die DNA Sequenz festgelegt sind, sondern Vorgänge der Genexpression, d.h. der An- und Abschaltung der Gene, betreffen. Damit wird die Vorstellung einer starren genetischen Disposition zugunsten dynamischer Mechanismen, die die Gen-Aktivität regulieren, aufgegeben.

[10] Johnson & Newport, 1989.

[11] Marler, 1999.

[12] Patel, 2008, S. 375. Es kann nämlich nachgewiesen werden, dass der Umfang der Übezeit von Musikern eine starke Korrelation mit der Bildung der weißen Substanz im posterioren Ausläufer der Capsula hat – einem Bereich, der die Nervenbahnen enthält, die vom motorischen Cortex zum Rückenmark führen und die besonders wichtig sind für die Koordination unabhängiger Fingerbewegungen.

[13] Siehe dazu auch Patel, 2008, S. 369.

[14] Mit dem Mozart-Effekt bezeichnet man einen empirisch nachgewiesenen Effekt, den das Anhören einer Klaviersonate von Mozart kurzfristig auf die Leistungsverbesserung in einem Teilbereich eines Intelligenztest hatte (vgl. Rauscher et al., 1995). Obwohl zahlreiche Folgeuntersuchungen diesen Effekt überprüft haben,

konnte die Studie nicht eindeutig repliziert werden. Die Debatte um das Für und Wider des Mozart-Effekts, also die Frage, ob Musik einen Einfluss auf die Intelligenzentwicklung hat, wird bis heute vehement weitergeführt.

[15] Vgl. dazu den Überblick über die Gesamtproblematik bei Schellenberg, 2006.

[16] Thomas Mann: *Der Zauberberg*, Berlin 1926, S. 191 und 193.

[17] Vgl. Schneider, Münte et al., 2010.

[18] Zur fötalen Entwicklung der einzelnen sensoriellen und motorischen Fähigkeiten siehe die Darstellungen bei Hepper, 1991, 1996, 2005; Lecanuet, 1996; Nijhuis, 1992; Nijhuis et al., 1982; Parncutt, 2006, 2009a, 2009b.

[19] Siehe dazu Lecanuet, 1996; Nijhuis et al., 1982.

[20] Siehe DeCasper & Fifer, 1980.

[21] Darauf haben Peter Hepper bezüglich der Entwicklung des Gedächtnisses und Richard Parncutt in Bezug auf die emotionale und musikalische Entwicklung hingewiesen (Hepper, 1996; Parncutt, 2009a, 2009b).

[22] Dies haben zuerst Kiselevsky und Mitarbeiter nachgewiesen (Kisilevsky et al., 2004).

[23] Siehe dazu Hepper, 1991.

[24] Eliot, 2001, S. 335.

[25] Dies wurde in zahlreichen Studien mit depressiven oder drogengeschädigten Müttern nachgewiesen (Emory & Dieter, 2006; Maccari, 2003).

[26] Hüther, 2006, S. 61.

[27] Portmann, 1956.

[28] Die ersten Arbeiten zum «competent infant», die den Paradigmenwechsel einleiteten, erschienen in den 1970er Jahren in Amerika (Friedman & Vietzke, 1972; Stone et al., 1973), dann auch Dornes, 1993.

[29] Schweizer Arzt und Entwicklungspsychologe, der die kognitive Entwicklung von Kindern beobachtete und in zahlreichen Experimenten theoretisch zu begründen suchte (Piaget, 1996).

[30] Österreichisch amerikanischer Psychoanalytiker und Wegbereiter der modernen Säuglingsforschung (siehe Spitz, 1965, 1980).

[31] Vgl. die zusammenfassenden Darstellungen bei Deliège & Sloboda, 1996 und Eliot, 2001 sowie zahlreiche Einzelstudien u.a. von Sandra Trehub und Laurel Trainor.

[32] So der Titel eines Buchs von Herschkowitz & Chapman Herschkowitz, 2004.

[33] Vgl. dazu die Arbeit von Sabina Pauen (Pauen, 2006), Lise Eliot (Eliot, 2001) oder Daniel Stern (Stern, 2007).

[34] Neil Postman, 1983, S. 7 und 8.

[35] Ariès, 1975.

[36] Wagner-Winterhager, in: Neumann 1981, 51.

[37] Vgl. dazu Nobert Elias große anthropologische und sozialgeschichtliche Abhandlung «Über den Prozess der Zivilisation» (Elias, 1969).

[38] Lloyd DeMause (Hg.): Hört ihr die Kinder weinen, Frankfurt 1977.
[39] Vgl. dazu Karl Neumann, 1981, S. 61.
[40] Vgl. dazu Bruers eindrückliche Zusammenfassung der neurowissenschaftlich gesicherten Erkenntnisse (Bruer, 1999) dt. Der Mythos der ersten drei Jahre, Weinheim: Beltz 2000.
[41] Vgl. dazu die Arbeiten von Meltzoff und Mitarbeitern (Meltzoff & Decety, 2003) und ihre mögliche Verbindung mit der Entdeckung der Spiegelneurone; siehe dazu Gruhn, 2008.
[42] Vgl. dazu die Untersuchungen von Mampe und Mitarbeitern (Mampe et al., 2009).
[43] Zur Untersuchung der präverbalen Kommunikation siehe die empirische Studie von Kerstin Leimbrink, 2010 . Weitere Untersuchungen liefert der Sammelband «Communicative Musicality» (Malloch & Trevarthen, 2009).
[44] Dies haben Fifer und DeCasper bereits 1980 in einer Studie festgestellt (DeCasper & Fifer, 1980).
[45] Dies haben Nakata und Trehub in einem Experiment gezeigt, bei dem Säuglinge der Aufzeichnung des Singens und Sprechens ihrer eigenen Mutter zuhörten und dabei eine längere Aufmerksamkeitsspanne gegenüber dem Singen zeigten (Nakata & Trebub, 2004).
[46] Einen aktuellen Überblick vermitteln die zusammenfassenden Darstellungen von Sandra Trehub (Trehub, 2006; Trehub, 2009).
[47] Das zeigten Untersuchungen von Jennifer Saffran, die Säuglingen Dreitonfolgen in verschiedenen Permutationen und Transpositionen vorspielte. Dabei stellte sie fest, dass 8-monatige Kinder sich überwiegend an den absoluten Tonhöhen orientierten, während ältere Kinder Zugang zu beiden Orientierungen – an der relativen und der absoluten Tonhöhe – hatten. (Saffran & Griepentrog, 2001).
[48] Trainor et al., 2002.
[49] Krumhansl & Jusczyk, 1990.
[50] Fassbender, 1993.
[51] Vgl. dazu die Untersuchungen von Erin Hannon und Sandra Trehub (Hannon & Trehub, 2005).
[52] Kuhl und Mitarbeiter konnten dies in einem Versuch zeigen, indem sie 9-monatige amerikanische Kindern über eine Zeitspanne von 12 Wochen Texte in Mandarin anhören ließen, die von muttersprachlichen Chinesen gesprochen wurden. Ein unmittelbar anschließender Test zeigte, dass die Abnahme der Unterscheidungsfähigkeit von bestimmten Phonemen der fremden Sprache wieder aufgehoben wurde. (Kuhl et al., 2003)
[53] Dies zeigt eine Studie mit 7- bis 11-monatigen Kindern am Center for Music Learning in Austin, Texas (Costa-Giomi, Cohen, & Solan, 2008; Costa-Giomi, Cohen, Solan et al., 2008).

[54] Der Kinderpsychologe René Spitz hat diese Form der frühen Wahrnehmnung coenästhetisch genannt, die der diakritischen, d.h. mit den Sinnen unterscheidenden Wahrnehmung vorausgeht (Spitz, 1980).
[55] Phillips-Silver & Trainor, 2005; Phillips-Silver & Trainor, 2007.
[56] Saffran und Mitarbeiter konnten zeigen, dass kleine Kinder eine oft gehörte Mozart-Sonate von einer neuen, ihnen unbekannten unterscheiden konnten (Saffran et al., 2000).
[57] Warum der Mensch sprechen lernt, hat Ruth Berger sehr anschaulich in ihrer Naturgeschichte der Sprache beschrieben (Berger, 2008).
[58] Patel, 2008.
[59] Brown, 2000.
[60] Ebd.
[61] Zentner & Eerola, 2010.
[62] Dies hat Kerstin Leimbrink in einer empirischen Studie gezeigt (Leimbrink, 2010).
[63] Die Idee eines dem Menschen angeborenen Sprachinstinkts hat zuerst Steven Pinker beschrieben (Pinker, 1994).
[64] Alec MacAndrew, *FOXP2 and the Evolution of Language* (2007). www.evolutionpages.com/FOXP2_language.htm
[65] Die hat ausführlich Steven Brown beschrieben (Brown, 2007, S. 6) .
[66] Vgl. dazu Fitch, 2000a; 2000b, 2006; Fitch, T. & Reby, 2001.
[67] Pfordresher & Brown, 2008.
[68] Vgl. dazu die Untersuchung von Gruhn et al., 2005.
[69] Elschenbroich, 2001, S. 212.
[70] H. Jakoby: Voraussetzungen und Grundlagen einer lebendigen Musikkultur Jacoby, 1924/1984, S. 44.
[71] Ebd. S. 36 f.
[72] Ebd. S. 37.
[73] Es ist mir bewusst, dass ich hier stark vereinfache. Aber es kommt mir darauf an, den Unterschied zwischen den muttersprachlichen Ansätzen in der Musikpädagogik und dem hier vorgelegten Konzept möglichst scharf herauszuarbeiten.
[74] In der Linguistik bezeichnet Kompetenz die Fähigkeit des passiven Sprachverständnisses. Sie ist in der Regel größer als die Fähigkeit, die Sprache auch aktiv auszuführen (Performanz).
[75] Das hat in mehreren Studien vor allem Jennifer Saffran untersucht (McMullen & Saffran, 2004; Saffran, 2003).
[76] Vgl. dazu die detaillierte Fallstudie von Beyer, 1994 und von Stadler Elmer, 2000.
[77] Der Begriff der „Audiation" ist von dem amerikanischen Musikpsychologen Edwin E. Gordon (Gordon, Edwin E., 1980) geprägt und mit seiner Lerntheorie

eingeführt worden. Vgl. eine ausführliche Darstellung des Phänomens in Gruhn, 2008.

[78] Gordon, E. E., 1993, S. 13.

[79] Etwas ähnliches kann man auch in anderen Bereichen beobachten, wo die Verbindung einer Disziplin mit den Neurowissenschaften neue Forschungsbereiche erschließt und dabei wissenschaftlich zwingende Begründungszusammenhänge ermöglichen soll, wie z. B. in der Neuroethik, der Neurotheologie, der Neurophilosophie und vielen weiteren Bereichen mehr. Zur näheren Bestimmung von Neuropädagogik und Neurodidaktik siehe Caspary, 2006; Herrmann, 2006; Spitzer, 2002.

[80] Eine ausführliche Darstellung des gegenwärtigen Forschungsstandes liefern Gruhn & Rauscher, 2008. Sowie in meinem Buch zum Musikverstand (Gruhn, 2008).

[81] Vgl. dazu Singer, 2002, S. 134 ff.

[82] Dieser Sachverhalt ist als Hebbsche Lernregel bekannt geworden und bis heute gültig. Vgl. Hebb, 1949.

[83] Siehe dazu Stern et al., 2005.

[84] Vgl. dazu eine ganze Reihe von Untersuchungen, die der Biologe Gilbert Gottlieb dazu unternommen hat (Gottlieb, 1980, 1988).

[85] Braun & Bock, 2008.

[86] Siehe Rauscher et al., 2002.

[87] Dieses Versuchsbeispiel, das aus der Serie der Versuche Gilbert Gottliebs stammt (siehe Anm. 82), hat Gerald Hüther mehrfach in Vorträgen erwähnt.

[88] Zu den Mechanismen des dopaminergen Belohnungssystems siehe Spitzer, 2002, S. 180 f.

[89] Hüther, 2002, S. 18.

[90] Vgl. dazu die Studie von Joachim Bauer, 2008.

[91] Ein besonders extremes, aber dennoch nicht ungewöhnliches Beispiel für die Art, wie nicht musikalisch gelernt, sondern begrifflich memoriert wird, berichtet Horst Rumpf: „Zum Frühstück kommt er [der Schüler] mit einem Heft in der Hand, um für den Musiktest in der zweiten Stunde noch einmal das folgende zu memorieren: *Das Metrum besteht aus gleichlangen und gleichlauten Schlägen. Der Takt besteht aus verschiedenen Schlägen, die aber verschieden betont werden. Der Rhythmus besteht aus verschieden langen Schlägen, die die Betonung des Takts haben. Die Melodie besteht aus verschieden hohen Tönen, die die Länge und die Betonungen vom Rhythmus haben.*“ In: H. Rumpf (1980): Schulen der Körperlosigkeit, *Neue Sammlung* 5, S. 457.

[92] Albert et al., 2009; Brankack et al., 2009.

[93] Vgl. die ausführliche Beschreibung bei Bamberger, 1991, S. 177–268. Ebenso bei Gruhn, 2008, S. 115–119 und 169–176.

[94] Bei Montessori-Glocken handelt es sich um didaktisches Material der Montessori-Pädagogik, die der Hör-Erziehung dient. Die Glocken sind chromatisch gestimmt, sehen aber nach Form und Größe vollkommen identisch aus. Zur Orientierung muss man also der eigenen inneren Tonvorstellung folgen.
[95] Der Begriff „formal" wird von Bamberger im Sinne von Piagets formaler Operation als einer abstrakten gedanklichen Handlung verstanden.
[96] Wie dieser Vorgang genau auf neuronaler Ebene vorzustellen ist, ist bislang noch nicht experimentell untersucht worden. Es dürften hier aber ähnliche Mechanismen ins Spiel kommen wie bei der Automatisierung von Bewegungsabläufen, die nicht mehr bewusst vom motorischen Cortex gesteuert werden, sondern in subcorticalen Schichten multimodal repräsentiert werden.
[97] Diese Langzeitstudie erfolgte in drei Gruppen: in zwei Gruppen mit unterschiedlichem Unterrichtsdesign (prozedural versus deklarativ) und einer Kontrollgruppe (Altenmueller et al., 2000).
[98] Vgl. Liebert, 2001.
[99] Siehe dazu den Band über Lerntheorien in *Kindlers Psychologie des 20. Jahrhunderts* (Zeier, 1984).
[100] In dem bekannten Versuch des russischen Mediziners Iwan Pawlow (1849–1936) hatte dieser einem Hund ein Stück Fleisch gezeigt und beobachtet, wie allein dieser optische Reiz den Speichelfluss des Tieres anregte. Er verband nun das Zeigen des Fleisches immer mit einem Glockenton, bis beide Reize assoziativ so miteinander verbunden waren, dass allein der Glockenton genügte, um die gewünschte Reaktion zu erhalten.
[101] Vygotskij, 2002.
[102] Piaget, 1996.
[103] Aebli, 1980.
[104] Bruner, 1974, S. 49.
[105] Gagné, 1965, 1980.
[106] Ebd., Kap. IV und V.
[107] Gordon, 1980.
[108] Siehe Gordon, 1971.
[109] Gordon gilt als einer der wichtigsten musikpsychologischen Begabungsforscher, dessen Begabungstests (z.B. das *Music Aptitude Profile* oder die verschiedenen *Measures of Music Audiation*) eine sehr hohe Reliabilität und Validität auszeichnen und die eine wichtige Grundlage für die empirische Begabungsforschung wurden.
[110] Siehe dazu Gordon, 2002.
[111] Vgl. dazu den Artikel zur musikalischen Begabung im Neuen Handbuch Musikpsychologie (Oerter & Lehmann, 2008, S. 94).
[112] Ein PR-Wert von 65 besagt, dass 64% der Gleichaltrigen einen schlechteren

Wert erlangt haben und nur 34% bessere Werte erzielen, sich die Person also im oberen Drittel befindet.

[113] Der Auswertung lagen je nach Altersgruppe folgende Tests zugrunde: *Primary Measures of Music Audiation* (PMMA), *Intermediate Measures of Music Audiation* (IMMA) und *Advanced Measures of Music Audiation* (AMMA) (Gordon, 1979, 1982, 1989).

[114] Gruhn et al., 2005.

[115] „Imitation is learning through someone else's ear. Audiation is learning through one's own ear." (Gordon, 1997, S. 9)

[116] Unveröffentlichte Studie an der Musikhochschule Freiburg 1998. Darin zeigte sich, dass Kinder, die viele verschiedene Tonarten kennen gelernt und gesungen hatten, in der abschließenden Bewertung ihres Singens denen überlegen waren, die ausschließlich Dur-Lieder geübt hatten.

[117] Als Beispiel sei die jüngste Sammlung der Stiftung „Singen mit Kindern" herangezogen (*Singen im Kindergarten*, Helbling: Rum/Innsbruck, Esslingen 2010). Von den darin enthaltenen Liedern stehen 91% in Dur, 5.5% in Moll und 3,5% sind pentatonisch; hinsichtlich der Metren stehen 84% im geraden Takt, 16% im ungeraden Takt, unregelmäßige 5er- oder 7er-Takte sind gar nicht vertreten.

[118] Aebli, 1980, S. 13.

[119] Ebd.

[120] Aebli, 1980, S. 19 ff.

[121] Ebd. S. 21.

[122] Zu dieser Thematik siehe meine frühe Schrift zum Musikalischen Verstehen (Gruhn, 1989).

[123] „Imitation is a *product*, whereas audiation is a *process*"; imitation is a „*reactive response*" while „audiation is an *active response*" (Gordon, 1997, S. 9).

[124] „Audiation is like sculpture; it requires taking away of material." Ebd.

[125] „When we merely recognize what we have heard or memorize what we intend to perform, we live in the past. In audiation, the past lives in us." (Gordon, 1997, S. 12)

[126] Nach Wilhelm Buschs oft zitiertem Diktum: „Musik wird oft nicht schön empfunden, weil sie stets mit Geräusch verbunden." (*Der Maulwurf*, 1872)

[127] Almut Süberkrüb bevorzugt als Verb die Form „audiieren". In Übereinstimmung mit meinen früheren Schriften behalte ich jedoch die Übertragung von „audiate" in „auditieren" bei, um auf diese Weise die Intensitätsverstärkung durch die Endung –tieren zu betonen (vgl. agieren – agitieren) und die Nähe zum Englischen „audition" zu wahren.

[128] Vgl. dazu die Darstellung zum Erhaltungsbegriff bei Piaget & Inhelder, 1972, S. 103; ebenso Piaget, 1996.

[129] Gruhn, 2002.

[130] Piaget & Inhelder, 1972, S. 63 f.
[131] Szagun, 2006, S. 117–120.
[132] Gordon, 1997.
[133] Wenn die *Yamaha Music Central Europe* viel Geld in diverse Früherziehungsprogramme investiert, ist das zu begrüßen, kann aber nicht verdecken, dass auch wirtschaftliche Interessen dahinter stehen. Das dürfte nicht der Fall sein, wenn *Die Heilsarmee* sich im Bereich der musikalischen Früherziehung engagiert; hier wäre eher nach der Qualifikation für die Arbeit in diesem Bereich zu fragen.
[134] Fast alle Orchester und Theater bieten heute europaweit Kinderkonzerte an; neu ist dabei der Trend, schon Baby-Konzerte für Schwangere und Babys bis zu einem Jahr als eigene Konzertreihe zu veranstalten (Wickeltische stehen bereit).
[135] Hier ist an prominentester Stelle der sog. „Mozart-Effekt" zu nennen, der in einem eng definierten Versuchsdesign nachgewiesen hat, dass eine kurzfristige Leistungssteigerung in einem ganz spezifischen Bereich der IQ-Messung erkennbar war. Eine durchgehende Steigerung des IQ durch Musik, die auch von keinem Neurowissenschaftler behauptet worden ist, ist so nicht haltbar. Zu erwähnen sind in diesem Zusammenhang auch die zahlreichen Hinweise darauf, dass musikalische Betätigung vermeintlich die Sozialkompetenz, die Problemsensitivität und die Kreativität fördere. Auch solche Aussagen sind nicht zu verallgemeinern. Vgl. dazu die umfassenden Studien von Glenn Schellenberg (Schellenberg, 2006; Schellenberg et al., 2007).
[136] Davor hat John Bruer in seiner auch heute noch lesenswerten Studie eindringlich gewarnt (Bruer, 2000).
[137] Brankack et al., 2009; Peyrache et al., 2009.
[138] Elschenbroich, 2001, S. 214.
[139] Rebhahn, 2008.
[140] Peter Röbke (Figdor & Röbke, 2008, S. 169) entwirft hier eine neue Sicht der Instrumentalpädagogik und weist darin dem ersten Instrumentalunterricht einen nicht auf Leistung gerichteten Lernort zu.
[141] Jacoby, 1984b, S. 37.
[142] Jacoby, 1984a, S. 16 f.
[143] L. Wittgenstein (1977): *Philosophische Untersuchungen*, Frankfurt: Suhrkamp Taschenbuch, S. 63.
[144] Nach Wucher, 1999. Siehe dazu auch Müller, 2010.
[145] Dazu haben Figdor und Röbke eine überzeugende Argumentation und Beispielsammlung vorgelegt (Figdor & Röbke, 2008).
[146] Ebd. S. 226.
[147] Der Venezolaner José Antonio Abreu (*1939) gründete 1975 das *Sinfónica de la Juventud Venezolana Simón Bolívar*. Abreu wollte Kinder von der Straße holen und ihnen eine allgemeine Bildung vermitteln und mittels der Musik zur sozialen

Stabilisierung beitragen. So entstand ein System aus Kinder- und Jugendorchestern, die *Fundación del Estado para el Sistema Nacional de Orquestas Juveniles e Infantiles de Venezuela*, kurz als „Sistema" berühmt geworden. Das Prinzip ist hier, dass die Kinder von Anfang an im Orchester mitspielen. Jeder Mitspieler verpflichtet sich dann, ein später neu eintretendes Kind zu betreuen.

[148] Edwin Gordon und seine Mitarbeiter haben immer von dem „inner instrument" gesprochen, das die Voraussetzung für die Fertigkeiten bedeutet, das „outer instrument" zu nutzen.

[149] Vgl. dazu die Zusammenfassung im *Handbuch Üben* (Mahlert, 2006).

[150] Figdor & Röbke, 2008, S. 188.

Literaturverzeichnis

Aebli, H. (1980). *Denken: das Ordnen des Tuns*. Stuttgart: Klett-Cotta.

Albert, N. B., Robertson, E. M., & Miall, R. C. (2009). The resting human brain and motor learning. *Current Biology* (epub. May 6).

Altenmüller, E., Gruhn, W., Parlitz, D., & Liebert, G. (2000). The impact of music education on brain networks: evidence from EEG-studies. *International Journal for Music Education*(35), 47–53.

Ariès, P. (1975). *Geschichte der Kindheit*. München: Hanser.

Atkinson, R. L., Atkinson, R. C., Smith, E. E. & Bem, D. J. (1993): *Introduction to Psychology*, 11th edition, Fort Worth: Harcourt Brace & Comp.

Bamberger, J. (1991). *The Mind Behind the Musical Ear*. Cambridge MA: Harvard Univ Press.

Bauer, J. (2008). *Das kooperative Gen. Abschied vom Darwinismus*. Hamburg: Hoffman und Campe.

Becker, H.-P. (2008): *In jedem steckt ein Musiker*. Idar-Oberstein: MODU.

Berger, R. (2008). *Warum der Mensch spricht. Eine Naturgeschichte der Sprache*. Frankfurt a.M.: Eichborn.

Beyer, E. (1994). *Musikalische und sprachliche Entwicklung in der frühen Kindheit*. Hamburg: Kraemer.

Blakemore, S.-J. & Frith, U. (2006): *Wie wir lernen. Was die Hirnforschung darüber weiß*. München: Deutsche Verlagsanstalt.

Brankack, J., Platt, B., & Riedel, G. (2009). Sleep and hippocampus: do we search for the right things? *Progress in Neuro-psychopharmacology and Biological Psychiatry* (epub. April 5).

Braun, A. K., & Bock, J. (2008). Born to learn: early learning optimizes brain function. In W. Gruhn & F. H. Rauscher (Eds.), *Neurosciences in Music Pedagogy* (pp. 27–51). New York: Nova Science Publ.

Brown, S. (2000). The ‚musilanguage' model of music evolution. In N. L. Wallin & B. Merker & S. Brown (Eds.), *The Origins of Music* (pp. 271–300). Cambridge MA: MIT Press.

Brown, S. (2007). Contagious heterophony: A new theory about the origins of music. *Musicae Scientiae, 11*(1), 3–26.

Bruer, J. T. (2000). *Der Mythos der ersten drei Jahre. Warum wir lebenslang lernen*. Weinheim: Beltz.

Bruer, J. T. (1999). *The Myth of the First Three Years. A new understanding of brain development and lifelong learning*. New York: The Free Press.

Bruner, J. S. (1974). *Entwurf einer Unterrichtstheorie*. Berlin: Berlin Verlag.

Caspary, R. (Ed.). (2006). *Lernen und Gehirn. Der Weg zu einer neuen Pädagogik*. Freiburg: Herder.

Costa-Giomi, E., Cohen, L. G., & Solan, D. (2008). *Infant Music Categorization*. Paper presented at the International Seminar on Research in Music Education, Porto.

Costa-Giomi, E., Cohen, L. G., Solan, D., & Borck, A. (2008). *Categorization of Melody During the First Year of Life*. Paper presented at the ICMPC 10, Sapporo.

Cross, I. (2008). Musicality and the human capacity for culture. *Musicae Scientiae, Special issue*, 147–165.

Cross, I. (2009). The evolutionary nature of musical meaning. *Musicae Scientiae, Special issue 2009–2010* (Music and evolution), 179–200.

Cross, I., & Morley, I. (2008). The evolution of music: theories, definitions and the nature of the evidence. In S. Malloch & C. Trevarthen (Eds.), *Communicative Musicality* (pp. 61–82). Oxford: Oxford University Press.

Csikszentmihalyi, M. (1985). *Das Flow-Erlebnis. Jenseits von Angst und Langeweile: im Tun aufgehen*. Stuttgart: Klett-Cotta.

Darwin, C. (1871/1981). *The Descent of Man, and Selection in Relation to Sex*. Princeton: Princeton University Press.

DeCasper, A. J., & Fifer, W. (1980). Of human bonding: newborns prefer their mothers' voices. *Science, 208*, 1174–1176.

Deliège, I., & Sloboda, J. A. (Eds.). (1996). *Musical Beginnings. Origins and development of musical competence*. Oxford: Oxford University Press.

DeMause, Lloyd (Hg.) (1977). *Hört ihr die Kinder weinen: eine psychogenetische Geschichte der Kindheit*. Frankfurt a.M.: Suhrkamp.

Dornes, M. (1993). *Der kompetente Säugling. Die präverbale Entwicklung des Menschen*. Frankfurt: Fischer.

Dudel, J., Menzel, R., & Schmidt, R. F. (Eds.). (1996). *Neurowissenschaft. Vom Molekül zur Kognition*. Berlin, Heidelberg, New York: Springer.

Elias, N. (1969). *Über den Prozeß der Zivilisation*. Bern: Verlag Francke.

Eliot, L. (2001). *Was geht da drinnen vor? Die Gehirnentwicklung in den ersten fünf Lebensjahren*. Berlin: Berlin Verlag.

Elschenbroich, D. (2001). *Weltwissen der Siebenjährigen*. München: Kunstmann.

Emory, E. K., & Dieter, J. N. (2006). Maternal depression and psychotropic medication effects on the human fetus. *Annals of the New York Academy of Sciences, 1094*, 287–291.

Fassbender, C. (1993). *Auditory Grouping and Segregation Processes in Infancy.* Hamburg: Kaste.

Figdor, H., & Röbke, P. (2008). *Das Musizieren und die Gefühle. Instrumentalpädagogikk und Psychoanalyse im Dialog.* Mainz: Schott.

Fitch, T. (2000a). The evolution of speech: a comparative review. *Trends in Cognitive Sciences, 4*(7), 258–267.

Fitch, T. (2000b). The phonetic potential of nonhuman vocal tracts: Comparative cineradiographic observations of vocalizing animals. *Phonetica, 57*, 205–218.

Fitch, T. (2006). The biology and evolution of music: A comparative perspective. *Cognition, 100*, 173–215.

Fitch, T., & Reby, D. (2001). The descended larynx is not uniquely human. *Proceedings of The Royal Society London, 268*, 1669–1675.

Flohr, J. W. (2005): *The Musical Lives of Young Children.* Upper Saddle River: Prentice Hall.

Friedman, S., & Vietzke, P. M. (1972). The competent infant. *Peabody Journal of Education, 49*(4), 314–322.

Gagné, R. M. (1965). *The Conditions of Learning.* London: Holt, Rinehart & Winston.

Gagné, R. M. (1980). *Die Bedingungen des menschlichen Lernens* (5. ed.). Hannover: Schroedel.

Gehirn und Nervensystem. (1988). Heidelberg: Spektrum der Wissenschaft.

Gembris, H. (1998): *Grundlagen musikalischer Begabung und Entwicklung* (Reihe Wissner Lehrbuch, Bd. 1), Augsburg: Wissner.

Goldstein, E. B. (1977). *Wahrnehmungspsychologie.* Heidelberg: Spektrum Akademischer Verlag.

Gottlieb, G. (1980). Development of species identification in ducklings: VI. Specific embryonic experience required to maintain species-typical perception in ducklings. *Journal of Comparative and Physiological Psychology, 94*(4), 579–587.

Gottlieb, G. (1988). Development of species identification in ducklings: XV. Individual auditory recognition. *Developmental Psychobiology, 21*(6), 509–522.

Gordon, E. E. (1971). *The Psychology of Music Teaching.* Englewood Cliffs, N.J.: Prentice-Hall.

Gordon, E. E. (1979). *Primary Measures of Music Audiation (PMMA).* Chicago: GIA Publ. Inc.
Gordon, E. E. (1980). *Learning Sequences in Music. A Contemporary Music Learning Theory, 7th edition 2007.* Chicago: GIA Publ. Inc.
Gordon, E. E. (1982). *Intermediate Measures of Music Audiation*. Chicago: GIA Publ. Inc.
Gordon, E. E. (1989). *Advanced Measures of Music Audiation (AMMA).* Chicago: GIA Publ. Inc.
Gordon, E. E. (1993). *Learning sequences in music. A Music Learning Theory. (1980).*
Gordon, E. E. (1997). *A Music Learning Theory for Newborn and Young Children (1990).* Chicago: GIA Publ. Inc.
Gordon, E. E. (1997). *Learning Sequences in Music.* Chicago: GIA Publ. Inc.
Gordon, E. E. (2002). *Developmental and Stabilized Music Aptitudes. Further evidence of the duality.* Chicago: GIA Publ. Inc.
Gruhn, W. (1989). *Wahrnehmen und Verstehen* (2004, 2. ed.). Wilhelmshaven: Florian Noetzel.
Gruhn, W. (2002). Phases and stages in early music learning. A longitudinal study on the development of young children's musical potential. *Music Education Research, 4*(1), 51–71.
Gruhn, W. (2003). *Kinder brauchen Musik. Musikalität bei kleinen Kindern erhalten und fördern*. Weinheim: Beltz.
Gruhn, W. (2003). *Lernziel Musik. Perspektiven einer neuen theoretischen Grundlegung des Musikunterrichts.* Hildesheim: Olms.
Gruhn, W. (2007). *Lernwelt Musik – für Kinder von der Geburt bis zum Schuleintritt auf der Grundlage der Lerntheorie von Edwin E. Gordon.* Freiburg: Gordon-Institut.
Gruhn, W. (2008). *Der Musikverstand. Neurobiologische Grundlagen des musikalischen Denkens, Hörens und Lernens.* 3. Aufl. Hildesheim, New York: Olms.
Gruhn, W., Kiesewalter, J., Joerger, C., & Borth, F. (2005). *What is „same“ and „different“ in pattern recognition by young children.* Paper presented at the Research in Music Education (RIME) IV, Exeter.
Gruhn, W., & Rauscher, F. H. (Eds.). (2008). *Neurosciences in Music Pedagogy*. New York: Nova Science Publ.
Hallam, S., Cross, I., & Thaut, M. (Eds.) (2009): The *Oxford Handbook of*

Music Psychology. Oxford: Oxford University Press.

Hannon, E. E., & Trehub, S. E. (2005). Tuning in to musical rhythms: infants learn more readily than adults. *Proceedings of the National Academy of Sciences in the USA, 102*(35), 12639–12643.

Hebb, D. (1949). *The Organization of Behavior* (2002 ed.)., Mahwah, N.J.: Erlbaum.

Hepper, P. G. (1991). An examination of fetal learning before and after birth. *Irish Journal of Psychology, 12*, 95–107.

Hepper, P. G. (1996). Fetal memory: Does it exist? What does it do? *Acta Paediatrica, 416 Suppl.*, 16–20.

Hepper, P. G. (2005). Unravelling our beginnings. *The Psychologist, 18*(8), 474–477.

Herrmann, U. (Ed.). (2006). *Neurodidaktik. Grundlagen und Vorschläge für gehirngerechtes Lehren und Lernen*. Weinheim: Beltz.

Herschkowitz, N., & Chapman Herschkowitz, E. (2004). *Klug, neugierig und fit für die Welt. Gehirn- und Persönlichkeitsentwicklung in den ersten sechs Lebensjahren*. Freiburg: Herder.

Hüther, G. (2002). *Bedienungsanleitung für ein menschliches Gehirn*. Göttingen: Vandenhoeck & Ruprecht.

Hüther, G. (2006). *Die Macht der inneren Bilder*. Göttingen: Vandenhoeck & Ruprecht.

Huttenlocher, P. R. (1994). Synaptogenesis, synapse elimination, and neural plasticity in human cerebral cortex. In C. Nelson (Ed.), *Threats to Optimal Development. The Minnesota Symposia on child development* (Vol. 27, pp. 35–54). N.J.: Lawrence Erlbaum Ass.

Jacoby, H. (1924/1984). *Jenseits von „Musikalisch" und „Unmusikalisch"*. Hamburg: Christians Verlag.

Jacoby, H. (1984a). Grundlagen einer schöpferischen Musikerziehung (Die Tat, März 1922). In S. Ludwig (Ed.), *Jenseits von „Musikalisch" und „Unmusikalisch". Die Befreiung der schöpferischen Kräfte dargestellt am Beispiel der Musik* (pp. 10–27). Hamburg: Christians Verlag.

Jacoby, H. (1984b). Jenseits von „Musikalisch" und „Unmusikalisch". Voraussetzungen und Grundlagen einer lebendigen Musikkultur (Stuttgart 1925) (pp. 30–73). Hamburg: Christians Verlag.

Johnson, J. S., & Newport, E. L. (1989). Critical period effects in second language learning: The influence of maturational state on the acquisition of English as a second language. *Cognitive Psychology, 21*, 60–99.

Kisilevsky, B. S., Hains, S. M., Jaquet, A.-Y., Granier-Deferre, C., & Lecanuet, J.-P. (2004). Maturation of fetal responses to music. *Developmental Science, 7*, 550–559.

Kreusch-Jacob, D. (2009). *Kinder für Musik begeistern*. München: Knaur.

Krumhansl, C. L., & Jusczyk, P. W. (1990). Infant's perception of phrase structure in music. *Psychological Science, 1*, 70–73.

Kuhl, P. K., Tsao, F. M., & Liu, H. M. (2003). Foreign-language experience in infancy: effects of short-term exposure and social interaction on phonetic learning. *Proceedings of the National Academy of Sciences in the USA, 100*(15), 9096–9101.

Lecanuet, J.-P. (1996). Prenatal auditory experience. In I. Deliège & J. A. Sloboda (Eds.), *Musical beginnings* (pp. 3–34). Oxford: Oxford University Press.

Lehmann, A., Sloboda, J. & Woody, R. H. (Eds.) (2007). *Psychology for Musicians. Understanding and acquiring the skills*. Oxford: Oxford University Press.

Leimbrink, K. (2010). *Kommunikation von Anfang an. Die Entwicklung von Sprache in den ersten Monaten*. Tübingen: Stauffenburg.

Liebert, G. (2001). *Auswirkungen musikalischen Kurzzeitlernens auf kortikale Aktivierungsmuster.* Unpublished dissertation, Med. Hochschule, Hannover.

Maccari, S. (2003). Prenatal stress and long-term consequences: implications of glucocorticoid hormones. *Neuroscience and Biobhehavioural Reviews, 27*(1–2), 119–127.

Mahlert, U. (Ed.). (2006). *Handbuch Üben. Grundlagen, Konzepte, Methoden*. Wiesbaden: Breitkopf & Härtel.

Malloch, S. (1999). Mothers and infants and communicative musicality. *Musicae Scientiae, Special Issue* (1999-2000), 29–57.

Malloch, S. & Trevarthen, C. (Eds.) (2009): *Communicative Musicality. Exploring the basis of human companionship*. Oxford: Oxford University Press.

Mampe, B., Friederici, A. D., Christophe, A., & Wermke, K. (2009). Newborns' cry melody is shaped by their native language. *Current Biology, Nov. 4*.

Marler, P. (1999). On innateness: Are sparrow songs „learned" or „innate"? In M. D. Hauser & M. Konishi (Eds.), *The design of animal communuication* (pp. 293–318). Cambridge MA: MIT Press.

McMullen, E., & Saffran, J. R. (2004). Music and language. A developmental comparison. *Music Perception, 21*(3), 289–311.

McPherson, G. (Ed.) (2006): *The Child as Musician. A handbook of musical development.* Oxford: Oxford University Press.

Meier, M. (2004). *Neuropädagogik: Entwurf einer neuropädagogischen Theorie aisthetischer Erziehung und Möglichkeiten ihrer praktischen Umsetzung auf der Grundlage interdisziplinärer Erkenntnisse aus Pädagogik, Psychologie und Hirnforschung.* Marburg: Tectum.

Meltzoff, A. N., & Decety, J. (2003). What imitation tells us about social cognition: a rapprochment between developmental psychology and cognitive neuroscience. *Philosophical Transactions of the Royal Society of London, Series B, Biological Sciences, 358*(1431), 491–500.

Mithen, S. (2005). *The Singing Neanderthals: The origins of music, language, mind, and body.* London: Weidenfels & Nicolson.

Müller, S. (2010). Klavierunterricht mit Erwachsenen aus der Sicht von Lehrenden. Diskussion Musikpädagogik(45), 45–49.

Musso, M., Schneider, A., Glauche, V., Cece, E., Horn, A., & Weiller, C. (2009). *The Signature of the Human Syntactic Architecture.* Paper presented at the Internationaler Kongress für Musikphysiologie und Musikermedizin, Freiburg, Germany.

Nakata, T., & Trebub, S. E. (2004). Infant's responsiveness to maternal speech and singing. *Infant Behavior and Development, 27*, 455–464.

Neely, L. (2007): *Musical ConverSings with Children.* New York: Nova Svcience.

Neumann, K. (Ed.). (1981). *Kindsein. Zur Lebenssituation von Kindern in modernen Gesellschaften.* Göttingen: Vandenhocck und Ruprecht.

Nijhuis, J. G. (Ed.). (1992). *Fetal Behaviour: Development and perinatal aspects.* Ocford: Oxford University Press.

Nijhuis, J. G., Prechtl, H. F. R., & Martin, C. B. (1982). Are there behavioural states in the human fetus? *Human Development, 6*, 177–195.

Oerter, R., & Lehmann, A. C. (2008). Musikalische Begabung. In H. Bruhn & R. Kopiez & A. C. Lehmann (Eds.), *Musikpsychologie. Das neue Handbuch.* (pp. 88–104). Reinbek: Rowohlt.

Parncutt, R. (2006). Prenatal development. In G. McPherson (Ed.), *The child as musician* (pp. 1–31). Oxford: Oxford University Press.

Parncutt, R. (2009a). Prenatal and infant conditoning, the mother schema, and the origins of music and religion. *Musicae Scientiae, Special issue 2009–2010* (Music and Evolution), 119–150.

Parncutt, R. (2009b). Prenatal development and the phylogeny and ontogeny of music. In S. Hallam & I. Cross & M. Thaut (Eds.), *The Oxford Handbook of Music Psychology* (pp. 219–228). Oxford: Oxford University Press.

Patel, A. D. (2008). *Music, Language, and the Brain*. New York: Oxford University Press.

Pauen, S. (2006). *Was Babys denken. Eine Geschichte des ersten Lebensjahres.* München: Verlag C. H. Beck.

Petsche, H. (1997). Musikalität im Blickwinkel der Hirnforschung. In J. Scheidegger & H. Eiholzer (Eds.), *Persönlichkeitsentfaltung durch Musikerziehung. Europäischer Kongress für Musikpädagogik, Luzern 1997* (pp. 81–96). Aarau: Musikedition Nepomuk.

Peyrache, A., Khamassi, M., Benchenane, K., I., W. S., & Battaglia, F. P. (2009). Replay of rule-learning related neural patterns in the prefrontal cortex during sleep. *Nature Neuroscience* (epub. May 31).

Pfordresher, P. Q., & Brown, S. (2008). Poor-pitch singing in the absence of „tone deafness“. *Music Perception, 25*(2), 95–115.

Phillips-Silver, J., & Trainor, L. J. (2005). Feeling the beat: movement influences infant rhythm perception. *Science, 308*(5727), 1430.

Phillips-Silver, J., & Trainor, L. J. (2007). Hearing what the body feels: auditory encoding of rhythmic movement. *Cognition, 105*(3), 533– 546.

Piaget, J. (1996). *Das Erwachen der Intelligenz beim Kinde*. Stuttgart: Klett-Cotta.

Piaget, J., & Inhelder, B. (1972). *Die Psychologie des Kindes*. Olten, Freiburg: Walter-Verlag.

Pinker, S. (1994). *The Language Instinct*. New York: William Morrow & Co.

Portmann, A. (1956). *Zoologie und das neue Bild vom Menschen*. Hamburg: Rowohlt.

Postman, N. (1983). *Das Verschwinden der Kindheit*. Frankfurt: Fischer.

Preiss, G. (Ed.). (1998). *Neurodidaktik. Theoretische und praktische Beiträge*. Herbolzheim: Centaurus.

Radigk, W. (2006). *Wie lernen Kinder sprechen, lesen und schreiben? Ein Studienbuch zum Spracherwerb*. Berlin: Cornelsen.

Rauscher, F. H., Shaw, G. L., & Ky, K. N. (1995). Listening to Mozart enhances spatial-temporal reasoning: towards a neurophysiological basis. *Neuroscience Letters, 185*, 44–47.

Rauscher, F. H., Bowers, M. K., Dettlaff, D. M., & Scott, S. E. (2002). *Effects of Environmental, Social, and Auditory Enrichment on Maze Learning in Rats: Implications for Arousal.* Paper presented at the Conference on Cognitive Neuroscience, San Francisco.

Rebhahn, M. (2008). Worum geht es in einer Eltern-Kind-Musik-Gruppe? In M. Dartsch (Ed.), *Eltern-Kind-Gruppen an Musikschulen (Arbeitshilfen)* (pp. 7–12). Bonn: VdM Verlag.

Rousseau, Jean-Jacques (2001). *Émile oder Über die Erziehung* (1762). Paderborn: Schöningh.

Saffran, J. R. (2003). Musical learning and language development. In C. F. G. Avanzini, D. Minciacchi, L. Lopez & M. Majno (Ed.), *The Neurosciences and Music* (Vol. 999, pp. 397–401). New York: New York Academy of Sciences.

Saffran, J. R., & Griepentrog, G. J. (2001). Absolute pitch in infant auditory learning: evidence for developmental reorganization. *Developmental Psychology, 37*, 74–85.

Saffran, J. R., Loman, M. M., & Robertson, R. R. M. (2000). Infant memory for musical experiences. *Cognition, 77*, B15–B23.

Schellenberg, G. E. (2006). Exposure to music: the truth about the consequences. In G. McPherson (Ed.), *The Child as Musician. A Handbook of Musical Development* (pp. 111–134). New York: Oxford University Press.

Schellenberg, G. E., Nakata, T., Hunter, P. G., & Tamoto, S. (2007). Exposure to music and cognitive performance: tests of children and adults. *Psychology Of Music, 35*(1), 5–19.

Schneider, S., Münte, T., Rodriguez-Fornells, A., Sailer, M. & Altenmüller, E. (2010). Music supported training is more efficient than functional motor training for recovery of fine motor skills in stroke patients. *Music Perception* 27(4), 271–280.

Seeliger, M. (2003). *Das Musikschiff. Kinder und Eltern erleben Musik*. Regensburg: ConBrio.

Singer, W. (2002). *Der Beobachter im Gehirn*. Frankfurt: Suhrkamp.

Spitz, R. (1965). *The First Year of Life (ed. 2007)*. Boston: International Universities Press.

Spitz, R. (1980). *Vom Säugling zum Kleinkind. Naturgeschichte der Mutter-Kind-Beziehungen im ersten Lebensjahr*. Stuttgart: Klett-Cotta.

Spitzer, M. (1996). *Geist im Netz. Modelle für Lernen, Denken und Handeln.* Heidelberg: Spektrum Akademischer Verlag.

Spitzer, M. (2002). *Lernen. Gehirnforschung und die Schule des Lebens.* Heidelberg: Spektrum Akademischer Verlag.

Spitzer, M. (2008). *Selbstbestimmen. Gehirnforschung und die Frage: Was sollen wir tun?* Heidelberg: Spektrum Akademischer Verlag.

Stadler Elmer, S. (2000). *Spiel und Nachahmung. Über die Entwicklung der elementaren musikalischen Aktivitäten.* Aarau: Nepomuk.

Stern, D. N. (2007). *Die Lebenserfahrung des Säuglings* (9th ed.). Stuttgart: Klett-Cotta.

Stern, E., Grabner, R., & Schumacher, R. (2005). *Lehr-Lern-Forschung und Neurowissenschaften: Erwartungen, Befunde und Forschungsperspektiven* (Vol. 13). Berlin: Bundesministerium für Bildung und Forschung.

Stone, J., Smith, H., & Murphy, L. (Eds.). (1973). *The Competent Infant.* New York: Basic Books.

Szagun, G. (2006). *Sprachentwicklung beim Kind.* Weinheim: Beltz.

Szagun, G. (2007). *Das Wunder des Spracherwerbs.* Weinheim: Beltz.

Trainor, L. J., Tsang, C. D., & Cheung, V. H. W. (2002). Preference for sensory consonance in 2- and 4-month-old infants. *Music Perception, 20*, 187–194.

Trehub, S. E. (2006). Infants as musical connoisseurs. In G. McPherson (Ed.), *The Child as Musician* (pp. 33–49). Oxford: Oxford University Press.

Trehub, S. E. (2009). Music lessons from infants. In S. Hallam & I. Cross & M. Thaut (Eds.), *The Oxford Handbook of Music Psychology* (pp. 229–234). Oxford: Oxford University Press.

Valerio, W., Alison, M., et al. (1998): *Music Play. Guide for Parents, Teachers and Caregivers.* Chicago: GIA Publ. Inc.

Personenregister

Sachwortregister